Armin Gebhardt

Calderon

Spaniens bedeutendster Dichter

Eine Studie zu Leben und Werk

Armin Gebhardt

CALDERON

Spaniens bedeutendster Dichter

Eine Studie zu Leben und Werk

ibidem-Verlag
Stuttgart

Bibliografische Information Der Deutschen Bibliothek

Die Deutsche Bibliothek verzeichnet diese Publikation in der Deutschen Nationalbibliografie; detaillierte bibliografische Daten sind im Internet über <http://dnb.ddb.de> abrufbar.

∞

Gedruckt auf alterungsbeständigem, säurefreien Papier
Printed on acid-free paper

ISBN: 3-89821-223-8

Printed in Germany

INHALTSVERZEICHNIS

I. Lebenslauf

Pedro Calderon, Sproß eines angesehenen kastilischen Adelsgeschlechtes, wird im Jahre 1600 als drittes von fünf Kindern in Madrid geboren. Der Zusatzname De la Barka leitet sich von einem seitens der Vorfahren bewohnten Tal in der Nähe von Burgos her. Der Vater betreibt ein öffentliches Schreibbüro.

Nach jahrelangem Besuch des Madrider Jesuitengymnasiums immatrikuliert sich Pedro 1614 an der Universität Alcala de Henares, um einem Wunsche des Vaters entsprechend das Theologiestudium zu ergreifen. Etwa um 1617 wechselt er zur Universität in Salamanca und wechselt zugleich die Studienrichtung. Er widmet sich der Jurisprudenz und besteht die Prüfung als Baccalaureus Beider Rechte.

Die Mutter stirbt 1610. Der Vater geht eine Zweitehe ein. Nach dessen Tod 1615 führen um dessen Erbe Calderon und seine Geschwister einen jahrelangen erbrechtlichen Streit gegen die Stiefmutter und werden dadurch in Not und Armut getrieben.

Nach einigen Monaten Stallmeistertätigkeit auf dem Besitztum des Herzogs von Alba de Tormes meldet sich im Jahre 1625 Calderon freiwillig zum Heeresdienst, kämpft in der spanischen Besatzerarmee gegen die rebellischen Niederländer und erlebt den Fall der Stadtfestung Breda. 1628 verläßt er den Militärdienst.

Bereits vor jenem Einsatz hatte Calderon gemeinsam mit anderen Jungpoeten mehrere Bühnenstücke verfaßt, einen der ausgelobten Dichterwettstreitpreise gewonnen und darob das öffentliche Lob des zu jenem Zeitpunkt namhaftesten spanischen Dichters, von Lope de Vega, erfahren. So nimmt ihn denn im Jahre 1628 der junge König Philipp IV. angesichts geplanter Theateraufführungen im Park seines Lustschlosses Buen Retiro in den Hofdienst auf. Hierfür liefert Calderon bereits im Folgejahr sein vielbeachtetes christliches Märtyrerdrama des "Standhaften Prinzen", bewährt sich jedoch noch erfolgreicher mit einer Reihe von Intrigenkomödien, unter anderen mit dem "Haus der beiden Türen" und mit "Dame Kobold".

Im Todesjahr Lope de Vegas 1635 erreicht er endlich sein angepeiltes künstlerisches Ziel: der König beruft ihn zu seinem Hoftheaterdichter und damit zum Leiter der sich immer prächtiger entfaltenden Repräsentationsfestspiele zu Buen Retiro. Im gleichen Jahre entstehen unter anderem das Schauspiel "Das Schisma von England", das beeindruckende "Leben ist ein Traum" und - möglicherweise schon damals - das andere Symboldrama "Das Große Welttheater". Hinfort wendet sich Calderons schöpferische Kraft Komödien, Schauspielen, Tragödien und antikmythologischen Festspielen gleichermaßen zu.

Dessen ungeachtet nimmt er abermals als Freiwilliger an innerspanischen Feldzügen teil, wird in der Schlacht von Constanti erheblich verwundet und gehört während der Gefechte von Barcelona 1641 sogar zur persönlichen Sicherheitsgarde des Königs. Gesundheitliche Schwächung veranlaßt ihn im Jahre 1642, seine Entlassung aus dem militärischen Dienst zu beantragen. Eine künstlerische Frucht seiner soldatischen Erfahrungen ist 1643 die Abfassung des dramatisch düsteren Theaterstückes "Der Richter von Zalamea".

König Philipp IV. behandelt seinen berühmten Hofpoeten stets mit besonderer Auszeichnung, verleiht ihm 1637 das Ordensgewand der Rittergemeinschaft von Santiago und setzt ihm 1644 auf Dauer einen stattlichen Ehrensold aus, da Calderon "von großem Vorteile für die Dienste Seiner Majestät sei."

Im Jahre 1648 stirbt Calderons langjährige Lebensgefährtin; der jener unehelichen Verbindung entstammende Sohn Don Pedro Joseph folgt der Mutter 1657. Seither entwirft der Dichter zusätzlich anläßlich der jährlichen Fronleichnamsfeste sogenannte Autos Sacramentales. Nach seiner Priesterweihe 1651 hat er keine Komödien mehr veröffentlicht.

Soweit mit seiner dichterischen Betätigung vereinbar, erstrebt Calderon eine geistliche Laufbahn. Hierfür bewirbt er sich mit königlicher Zustimmung bei den Madrider Franziskanern. Wird daselbst zum Priester geweiht und bereits 1652 zum Geistlichen Rat befördert. Im Folgejahr beruft ihn Philipp IV. zum Kaplan an der Capilla de los Reyes Nuevos zu Toledo, dem kirchlichen Zentrum Spaniens. Von dort aus lenkt Hofdichter Calderon unverändert die königlichen Festspielaktivitäten und verfaßt weiterhin Bühnenstücke. Nach einem Jahrzehnt in Toledo holt ihn der König nach Madrid zurück als Hofkaplan seiner eigenen Kapelle. Der Dichter tritt im gleichen Jahr 1663 der Priesterkongregation von St.Peter bei, die er testamentarisch zu seiner Haupterbin einsetzt.

Auch nach dem Tod des ihn immerfort protegierenden Königs Philipp IV. behält er die Hoftheaterdirektion bei. Obwohl sich die Häufigkeit der höfischen Festspielauffrühungen bald spürbar verringert, betätigt er sich unentwegt auf den ihm vertrauten, wenn auch in sich unterschiedlichen dramatischen Feldern.

Nach einem Sturz befällt den Achtzigjährigen eine Halbseitenlähmung. 1681 stirbt er. Tausende von Madrider Bürgerinnen und Bürgern geben ihm das letzte Geleit.

II. Komödien

Gegen Ende des 16. Jahrhunderts wurden aus der Gunst des spanischen Theaterpublikums zunehmend Stücke gelehrten, mehr oder weniger weltfremden Inhalts verdrängt. Stücke humanistisch-philosophischer Zielsetzung, zumeist aus dem Geistesleben der italienischen Renaisscnce, aber auch solche geistlicher Erbauung. Verdrängt aber auch arkadische Schäferspiele. Gegensätzlich dazu verloren deutlich an Interesse jedoch ebenso die marktsschreierischen Auttritte von Gauklern, Possenreißern, Jongleuren. Immer weniger imponierte bloß Improvisiertes, etwa nach dem Zuschnitt der Commedia dell'Arte. Und die Vorführung bloßer Menschentypen langweilte zusehends.

Eine durchgehende, plausible Handlung sollte her. Und vor das Publikum der feste Aufbau einer Bühne. Auf ihr Darsteller, die den Zuschauernerv treffen sollten; allgemein Verständliches, stofflich Vertrautes, das von jenen Brettern her Vermittelte durchweg blutvoll, aus dem prallen Leben gegriffen.

Vor allem: das Publikum wollte nicht belehrt, beeinflußt oder gar manipuliert, es wollte einzig und allein schaulustig unterhalten werden. Nur der - möglichst komische - Unterhaltungswert eines Stückes zählte noch, sonst nichts.

Das setzte nun freilich ein einigermaßen reiches Erfindungsvermögen eines stückeschreibenden Autors voraus. Der sich nicht nach dem Regelwerk des Aristoteles oder anderer Theoretiker, sondern sich ausschließlich nach dem Publikumsgeschmack zu richten hatte. Eine Reihe von Schreiberlingen trat auf den Plan, die den - keineswegs unbescheidenen - Anforderungen der Zerstreuung suchenden und dafür zahlenden Zuschauer dann doch nicht zu genügen vermochte. Winkender Autorenruhm reizte gleichwohl. Ein neues Theaterstück ließ sich an einen Wandertruppenleiter verkaufen; das brachte Geld ein. Gelegentlich teilten sich mehrere Verfasser in die Erstellung eines Bühnentextes. Frühere Bühentexte wurden umgemodelt; aus mehreren Alttexten ließ sich mühelos ein Neutext zusammenstellen. Langsam begriffen die Textproduzenten, worauf es beim Publikum ankam.

Es ist das eindeutige Verdienst Lope Felix de Vega Carpios (1562-1635), den Spaniern erstmals Theaterstücke präsentiert zu haben, die nicht nur die damaligen Madrider Theaterzuschauer begeisterten, sondern teilweise später in die komödiantische Weltliteratur Einlaß gefunden haben.

Als nun der junge Calderon auf den Plan trat, traf er nicht nur auf einen berühmten Dichter, der ihn freundschaftlich förderte, sondern vor allem auf Lope de Vegas teilweise meisterhafte Komödien, welche die eigenen schöpferischen Kräfte mobilisieren sollten. Und gerade in seinem letzten Schaffensjahrzehnt hatte Lope ein beachtliches Lustspielstoffangebot ausgebreitet, das einen hochbegabten Nachwuchsautor beeindrucken mußte.

Auf den Madrider Brettern erregte Lopes jüngste Komödie "Der Ritter vom Mirakel" enthusiastischen Beifall: Virtuos jongliert sich der auf Roms Straßen sich amüsierende spanische Söldner Luzman durch die Betten der Kurtisanen Otavia, Beatriz sowie der an sich ehrbaren Isabella. Letztere spannt er ihrem schon leicht senilen Ehemann Patrizio aus, dem er zum Ausgleich Beatriz zuführt. Vor allem hat er es auf Isabellas Reichtum abgesehen. Er entlockt ihr tatsächlich einen größeren Geldbetrag. Doch sein von ihm ständig miserabel entlohnter Diener Tristan - fast Gegenstück zu dem Pietro in Goldonis "Bugiardo"- verpfeift ihn. Auch andere Schwindeleien fliegen auf. Die bisher von ihm beglückten Frauen weisen ihm die Tür. Gleichwohl ist Luzman fest davon überzeugt, daß auf seinen unwiderstehlichen Charme neue Frauen hereinfallen.

Den Diener - Grazioso - setzt Lope aber auch in anderen Funktionen ein. In "Liebe, ohne zu wissen, wen" kommentiert Diener Limon die äußerst zurückhaltenden Anbetungsandeutungen seines Herrn Don Juan de Aguilar gegenüber Leonarda mit ständig persiflierenden Bemerkungen. Im "Eisenwasser von Madrid" hingegen stellt er den Kontakt seines Herrn Lisardo zu der gutbehüteten Belisa dadurch her, daß er, um deren vorgetäuschte Wehwehchen zu beheben, sich bei deren Vater als Arzt einführt und dem jungen Mädchen eine Eisenwassertrinkkur verordnet. Ergänzend dazu muß sich Belisa viel im Freien bewegen. Wo sie dann dem geliebten Lisardo begegnen kann, während der Vater die Heilkunst des falschen Arztes preist.

In fraulichen Seelenzuständen kennt sich Lope fast noch besser aus als in denen der Männer. So kann er es in den "Launen der Donna Belisa" riskieren, eine unberechenbare Psychopathin auf die Bühne zu stellen, eine in ihrem Reichtum Verwöhnte, sprung- und launenhaft, die ihren Favoriten beleidigend abkanzelt, wiewohl sie sich heimlich nach ihm sehnt. - Etwas glaubwürdiger die attraktive Kurtisane in "Angel der Fenisa", die einen jungen Kaufmann um Geld prellt, das er sich in einem Racheakt auf gleicher Ebene zurückholt, während sich der einzige ihrer vielen Verehrer, für den sie echtes Gefühl aufbringt, sich als eifersüchtiges Mädchen auf der Suche nach ihrem flüchtigen Verlobten entpuppt. - Die ihren armen Juan liebende Lukrezia hat etwas mehr Glück. Sie muß zwar den krankhaft eifersüchtigen Julio heiraten. Doch der wohlhabende Alte stirbt rechtzeitig. Die insoweit "Schlecht-verheiratete" erbt freilich dessen 30000 Dukaten testamentarisch nur dann, wenn sie seinen widerlichen Neffen heiratet. Die Anschlußehe mit jenem Neffen wird jedoch wegen dessen erwiesener Impotenz gerichtlich annulliert, und nun kann sich Lukrezia mit ihrem Juan besser verheiraten. - Etwas ungewöhnlich, doch besser motiviert die Handlungsweise der jungen Elena, die sich bei dem selbstherrlichen Don Fernando als Dienerin nur deshalb verdingt, weil sie dessen Sohn Juan liebt. Doch den wirft der Vater aus dem Haus, weil er partout nicht Priester werden will. Hausfraulicher Eifer, Tüchtigkeit und praktische Umsicht Elenas bewegen schließlich den Vater dazu, sie zu adoptieren. Erst zu jenem späten Zeitpunkt erfährt er von deren engen Bindungen - der "Sklavin als Geliebter" - zu seinem nun nicht mehr verstossenen Sohn. – Noch etwas raffinierter geht die junge Fenisa als "Kluge Verliebte" vor. Sie, die von ihrer noch jugendlichen Mutter gegen die Außenwelt abgeschirmt wird, verbindet mit dem gutaussehenden, altersgleichen Lucindo ein Sympathieverhältnis auf Gegenseitigkeit. Doch ausgerechnet dessen Vater, ein ehemaliger Kondottiere, hält bei der Mutter um ihre Hand an. Fenisa beschwert sich bei ihm, daß Sohn Lucindo sich ihr gegenüber äußerst ungehörig aufgeführt habe und die belastende Angelegenheit bereinigen müßte. Ein vorgetäuschter Schriftwechsel läuft über den Vater als ahnungslosen Briefträger, den Fenisa gleichzeitig an ihre durchaus heiratsgeneigte Mutter unauffällig gleich weiterreicht. Zuletzt finden sich die beiden Älteren und die beiden Jüngeren. - Nicht ganz so überzeugend die Komödie "Die kluge Närrin", eine der beiden heiratsfähigen Töchter des Octavio. Diese Finea gilt als geistig beschränkt; zumindest erweckt ihr Gehemmtsein, ihre kontaktbezogene Insuffizienz einen entsprechenden Eindruck. Erst als in ihr wahre Liebe für einen seriösen Verehrer aufblüht, fallen alle bisherigen Absonderlichkeiten von ihr ab. Beeindruckend die Szene gegen Schluß, in der die Geheilte ganz bewußt die intellektuell Eingeengte vorgaukelt. - Leichtes Nachlassen von

Lopes Intuition gegen Ende seiner Laufbahn könnte das Stück "Die Dumme für Andere, die Kluge für sich selbst" indizieren: der Herzog von Urbino bestellt das tatkräftige Bauernmädchen Diana zu seiner Thronerbin. Nach dessen Tod tritt sie tatsächlich am Hof selbstsicher auf, bringt durch ihre Narreteien den Regierungsapparat durcheinander, läßt zum Kreuzzug gegen die Türken rüsten und überträgt das entsprechende Truppenkommando ihrem heimlichen Geliebten. Alles Farce! - Imposant hingegen "Die ruhmreichen Asturierinnen", von denen noch vor der Reconquista kontraktsmäßig 100 spanische Mädchen den Moslems als Tribut überstellt werden müssen. Eines der Mädchen, die couragierte Sancha, entblößt sich ganz bewußt vor den christlichen Soldaten, welche die Mädchen den lüsternen Moslems zuführen sollen. Obwohl streng verboten, rechtfertigt Sancha ihre nudistische Aktion mit den Worten, eine Frau dürfe sich entblößen, erstens vor anderen Frauen, zweitens vor Memmen. Solche Feststellung schockt die christlichen Männer derart, daß ihr Kommandeur Nuno den Befehl zum Angriff auf die Moslems gibt. Und die Spanier siegen! Deren König will Nuno wegen Befehlsverweigerung, Wort- und Kontraktbruchs hängen lassen (vgl. Kleists Prinz von Homburg). Doch schließlich begnadigt er den tapfer gewordenen Nuno, der seine Sancha heiraten darf.

Außer auf Lope de Vega trifft der junge Calderon nun auch auf den gleichsam zweiten Mann der Madrider Theaterautorenszene: auf Tirso de Molina (1571-1648). Dieser, ein Jahrzehnt jünger als Lope, darf sich ebenfalls bedeutender Bühnenerfolge rühmen. Statt der Tausende des Anderen hat er zwar "nur" etwa 300 verfaßte Stücke aufzuweisen, doch ein Gutteil derer bestätigt Tirso ebenfalls als einfühlsamen Kenner der menschlichen Seele. Ihm wurden eingestandenermaßen als Priester im Beichtstuhl Theaterstoffe in Hülle und Fülle vermittelt. In Anlehnung an Lopes "Eisenwasser von Madrid" und dem als Tragödie endenden "Ritter von Olmedo", in denen der jeweilige Diener als Arzt bzw. als Privatlehrer bei der Angebeteten seines Herrn eingeschmuggelt wird, um dadurch ständigen Briefverekehr zwischen den Liebenden zu ermöglichen, läßt sich Don Felipe vom strengen Vater seiner Marta, der "Verliebten Betschwester", als Lateinlehrer anheuern. Diese will einer ihr fast schon aufoktroyierten Heirat mit dem vermögenden alten Hauptmann Urbina entgehen und heuchelt Sehnsucht nach einem immerdar keuschen Lebenswandel vor. Den kann sie jedoch nur in einer lebenslangen Nonnenklosterexistenz verwirklichen, und die wiederum setzt ein Mindestmaß an lateinischen Sprachkenntnissen voraus. Übrigens ein komödiantisches Situationsmotiv, das viel später in Rossinis "Barbier von Sevilla" wiederauftaucht. - Schwächer sind Tirsos Lustspiele etwa von Violante, dem "Dorfmädchen aus Vallecas", das von Herrera in Valencia verführt und verlassen wird. Herrera unter dem falschen Namen Pedro von Mendoza trifft jedoch auf seiner Reise nach Madrid auf einen Touristen eben dieses Namens, und dabei verwechselt der Diener versehentlich beider Gepäck. Woraufhin beide Männer in blamable Situationen geraten. Der ihrem Verführer hinterherreisenden Violante gelingt es schließlich in Madrid, Herrera in den Hafen der Ehe zu lotsen. - Als "Schüchterner bei Hofe" erweist sich Mireno, Sohn eines bei Hof geächteten Prinzen, von Hirten in einsamer Gegend aufgezogen. Er gerät in eine kleinere Residenz und wird seines schmucken Aussehens wegen gleichermaßen von den beiden Töchtern des Herzogs umworben. Die psychologische Tiefenschau in die Herzen der capriciösen Madelena wie der spröden Serafina bezeugt Tirso als unübertroffenen Kenner dieser Seite der menschlichen Natur. - Daß aber auch er Fäden komplizierter Intrigen zu ziehen, ein lautstarkes Durcheinander anzurichten, ein unentwirrbar erscheinendes Knäuel von verschuldeten wie unverschuldeten Verwechslungen zwischen den Geschlechtern aufzulösen vermag, beweist er in seiner auch heute noch meistgespielten Komödie "Don Gil in grünen Hosen", die ihren Höhepunkt dort erreicht, wo gleich vier grünbehoste Gils aufeinandertreffen.

Unter den virulenten Theaterstückgattungen griff sich der blutjunge, auf Autorenbewährung erpichte Calderon nun also das Lustspiel heraus. In einer sogenannten Mantel-und-Degen-Komödie (-MD-Komödie) vermochte er eindeutig unter Beweis zu stellen, was an Intuition, Erfindungsreichtum, gestalterischer Potenz und an Brettersinn in ihm steckte. Dabei mußte er freilich auch auf bewährte Strickmuster zurückgreifen.

Zentrum eines solchen Stückes mit gutem Ausgang ist so unverhohlen wie unwidersprochen der Geschlechtsverkehr. Der zwischen Mann und Frau, genauer zwischen jungem Mann und heiratsfähigem Mädchen. Die - trotz gegebenfalls späterer gemeinsamer Kinder - gegensätzliche Interessenlage zwingt zu deren unterschiedlicher Berücksichtigung. Der junge Mann sucht - unter anderem - seine stetig abgesicherte sexuelle Befriedigung. Die junge Frau zu Calderons Zeit sucht ebenfalls ihre Absicherung: die ihres Lebensunterhaltes. Unterhaltspflicht des Mannes gegen körperliche Hingabepflicht der Frau. Hierfür entscheidender Zeitlaufbeginn: die Eheschließung; damals obligatorisch vor dem Priester.

Problemstellung: soll, darf sich das Mädchen vor jenem Eheschließungszeitpunkt dem Verlobten oder gar dem noch nicht einmal Verlobten, dem von ihr Geliebten hingeben? Das Kreatürliche spricht dazu ein eindeutiges Ja. Verstand und Vernunft sprechen angesichts der entstehenden Gefahrenlage ein eindeutiges Nein; der Liebhaber könnte vor einer ehelichen Bindung die Geliebte erst verführen und sich anschließend aus dem Staube machen.

Zurückbleibt das verlassene entehrte Mädchen. Ist es wirklich entehrt? Es gilt inmitten seiner menschlichen Umwelt als entehrt. Und das ist das eigentlich Schlimme an der Angelegenheit.

Hier greift der ungeschriebene Ehrenkodex ein, der die spanische Gesellschaft des 17.Jahrhunderts, des sogenannten Siglo de Oro, eisern im Griff hält. Vorehelicher Geschlechtsverkehr ist für den jungen Mann ein vergnügliches, jedenfalls strafloses Kavaliersdelikt, für das Mädchen Vernichtung seiner gesamten Existenz. Das Paradoxe an solcher Betrachtungsweise: jene Existenzvernichtung betrifft gar nicht ein menschliches Geschöpf im Vollsinne des Wortes, sondern eine Sache. Das -heiratsfähige - Mädchen steht im Eigentum seines Vaters, ersatzweise im Eigentum seiner Brüder. Mit dem Eheschließungsakt findet ein Eigentumswechsel statt: neuer Eigentümer des zur jungen Frau aufgestiegenen Mädchens ist nun der eigene Ehemann.

Ebenso wie im Schuldrecht Leistungsstörungen auftreten können, so in der Beziehung zwischen den Beteiligten / Betroffenen menschliche Komplikationen, die nur zu leicht in unübersehbare Reaktionen münden können. Wird der Liebhaber der Tochter des Hauses bei derselben im Zuge eines geheimen Besuches ertappt, haben dem Ehrenkodex zufolge Vater und Brüder nicht nur das Recht, sondern auch die Pflicht, gegen den gefährlichen Störer des Hausfriedens ihre Degen zu ziehen. Auch auf Grund solch eingetretener Situation kommt es zu einem der zahllosen Duelle. Dem kann sich der Liebhaber nur dadurch entziehen, daß er sein umworbenes Mädchen auf der Stelle heiratet. Denn an demselben tritt ja dann besagter Eigentumswechsel ein. Vater und Brüder stecken - funktionslos geworden -ihre Degen ein, und es ist fernerhin Aufgabe des frischgebackenen Ehemannes, sein meschliches

Eigentum mit gezücktem Degen hinfort gegen Störer von dritter Seite zu schützen.

Doch schon lange zuvor werden schnell die Degen gezückt, wenn zwei aufeinander eifersüchtige Caballeros um die gleiche Angebetete werben. Oder die Angebetete den Einen vor dem Anderen verstecken will. Oder den Einen um Hilfe gegen den Anderen bittet. Und das erst recht bei Verdoppelung der betroffenen Personen. Etwa: A liebt die B, die B jedoch den C, der C seinerseits die D, die aber nicht ihn, sondern den A favorisiert. So kann bei entsprechend gesteuerter Handlungsführung mit bravourös eingebauten Eifersüchteleien eine Fülle von Situationen entstehen, die oft genug in degenklirrende übergehen. Doch jene vielfältigen wechselseitig sich überlagernden, sich kreuzenden, sich verdrängenden Impulse um die "Liebe" schaffen nun eben solche Handlungssituationen, von denen ein Theaterstück lebt, welche die Unterhaltungssucht des Publikums befriedigen und das Renommé eines Autors konsolidieren oder gar steigern. Auch heute noch läßt sich in einem klein- oder spießbürgerlichen Ambiente der Satz hören:"Ich lasse mich nicht von den Leuten bereden." Genau das ist es, was der spanische Ehrenkodex trifft. Die Fehlhandlung als solche ist längst nicht so schlimm wie ihr Bekanntwerden: bei Zeugen, Nachbarn, Bekannten, erst recht bei den einer Familie Übelwollenden. Und die Reparatur der verletzten Ehre eines oder gelegentlich von mehreren Menschen führt dann im Extremfall in die Zone blutiger Rache.

Doch das ist dann nicht mehr Thema einer ausgewiesenen MD-Komödie. Hier finden sich trotz aller Verwirrung, Verwechslungen und Mißverständnisse zum Schluß "die Richtigen". Und der Theaterzuschauer gesteht sich zur eigenen Zufriedenheit ein, daß sich seine Erwartungen an das Spektakel auf den Brettern da vorn erfüllt haben, daß er mithin auf seine Kosten gekommen ist.

Das Bühnenpersonal einer MD-Komödie umfaßt in der Regel zwei heiratsfähige Mädchen, zwei um sie bemühte junge Kavaliere, zumeist gutbürgerlichen Zuschnittes, also zeitentsprechend oft niederen Adels. Solche Standesbezogenheit ist wiederum notwendig für das Erfordernis, daß sich der Herr einen Diener, die Dame sich eine Dienerin / Zofe hält. Solche Graziosos / Graziosas können dann mitunter das Spiel andrehen, beschleunigen, dessen Verlauf mit schlauen Überraschungen würzen und gleichzeitig karikierende Kontraste zu ihren Herrschaften schaffen. Ein Grazioso muß keineswegs der zum Gelächter reizende Tölpel sein; Lope und Tirso liefern ganz beachtliche Funktionsalternativen. Und der als Arzt verkleidete Diener Polilla in Muretos "Trotz wider Trotz" lenkt das abgekarterte Spiel um die von Eifersucht durchgeschüttelte, anfangs unnahbar spröde Donna Diana mit beachtlicher Brillanz.

Oft greifen dann auch noch die Väter der Mädchen - doch mehr am Rande - in das Geschehen ein.

Charakterkomödien im Stile Molières wird man im spanischen Siglo de Oro meist vergeblich suchen. Die Situationskomödie beherrscht die Szene, die dann ein Jahrhundert später bei Goldoni ihren Höhepunkt finden wird. Gesellschaftskritische Handlungskomponenten werden nicht einmal im Ansatz angesteuert.

In der Zeitstufe, in welcher Autor Calderon nach und nach Lope und Tirso ablöste, war die Zahl der Bühnenakte (Jornadas) auf ihrer drei geschmolzen; deren Realisierung dann freilich immer noch eine Spieldauer von zwei bis drei Stunden in Anspruch nahm. Vor allem Lope baute, auch wenn er auf einen Prolog verzichtete, zwischen den Akten oft Volkslieder und Volkstänze ein, um die Pausen zu überbrücken, mit entsprechend dankbarer Resonanz des Publikums. Als Lope in seinem letzten Stück "Die Keckheiten der Belisa" von der Bühne abtrat, richtete er ausnahmsweise Dank- und Abschiedsworte an die Zuschauer.

Calderon war nicht mehr auf die Mitwirkung von Wandertruppen angewiesen. Dank Lope und Tirso waren auch in Madrid feste Theaterstätten geschaffen worden. Vor allem die schon älteren Corraltheater in den Straßen del Principe und de la Cruz renommierten. Dort saßen die Zuschauer in einem von Häuserrückwänden gebildeten dachlosen Innenhof, doch nicht nur im mittleren Hofareal, sondern vor allem zu dessen Seiten in Ranglogen (Aposantos). Teilweise Trennung nach sozialen Gesellschaftsschichten, teilweise auch nach Geschlechtern. Die Bühnenausstattung war bescheiden, mit der aufwendigen anläßlich der späteren königlichen Hoffestspiele samt deren komplizierter Maschinerie überhaupt nicht zu vergleichen. Nur sparsame Kulissenschieberei! Zimmer mit Türen und wenig Mobiliar genügten vollauf. Lediglich die Kostüme der Darsteller gerieten mitunter etwas preziöser. Im Sommer begannen die Darstellungen am späteren, im Winter am zeitigeren

Nachmittag. Im Eintrittspreis war eine regelmäßige Abgabe an soziale Einrichtungen, insbesondere an Hospitäler, mitinbegriffen.

Diese Studie ist kein Schauspielführer. Die nachstehend aufgeführten Theaterstücke können deshalb nur in ihrem wesentlichsten Inhalt vermittelt werden.

1. Zwei Eingänge zum Haus.

Casa con dos puertas mala es de guardar - (wortwörtlich) "Ein Haus mit zwei Türen ist schwer zu bewachen". Verfaßt offenbar noch vor 1629. Erstdruck 1635.

Auf einer Straße in Ocaña folgt Lisardo einer verschleierten Dame. Erst deren Zusage, ihn in ihrem Haus empfangen zu wollen, bewegt ihn dazu, sie nicht weiter zu belästigen. Die Verschleierte ist Marcela, die Schwester seines Freundes Felix, der seinerseits zu seiner Angebeteten Laura eingeladen wird. Das ist sogar zur Nachtzeit möglich, da der seine Tochter Laura überwachende Vater Fabio angeblich nicht gleichzeitig beide Hauseingänge kontrollieren kann.

Doch zu Laura hat nun auch Marcela den Lisardo eingeladen, um nicht im eigenen Haus als Felixens Schwester identifiziert zu werden. Felix muß nun freilich in einem dunklen Gemach versteckt werden, weil der argwöhnische Vater Fabio erscheint. Der begleitet Marcela nach Hause, trifft dann aber anläßlich seiner Rückkehr doch auf Felix, der bei Laura einen Nebenbuhler vermutet. Obwohl der nicht zu entdecken ist, macht er Laura eine heftige Eifersuchtszene. Nun folgt sie ihm in sein Haus, wo sie auf eine Verschleierte trifft. Diese hält sie ebenso wie der inzwischen zurückgekehrte Lisardo für Felixens Geliebte. Nun spielt Laura die Eifersüchtige.

Da Lisardo durch eine der beiden Türen in Fabios Haus eingelassen wird, verdichtet sich nun wieder bei Felix der Verdacht von Lauras Untreue. Ihretwegen duellieren sich Vater Fabio und Lisardo. Ein Durcheinander zwischen den Beteiligten greift immer mehr um sich, bis eher durch Zufall der wirkliche Sachverhalt aufgeklärt werden, und Felix seine Laura heimführen kann. So beklemmend wie erschreckend, daß Marcela, die ihr Bruder entehrt wähnt und mit dem Dolch erstechen will, ihrem gewaltsamen Ende nur dadurch entrinnen kann, daß Lisardo sie auf der Stelle heiratet und damit unter seinen Eigentumschutz stellt.

Schon in seinem frühen Stück geht Calderon fast souverän mit den erprobten Begleiterscheinungen einer typischen MD-Komödie um: Sich-Verschleiern, In-ein-Versteck-eingesperrt-Werden, Eifersuchtsanfälle, Duell mit gezogenen Degen.

2. Dame Kobold.

La Dama duende. Uraufführung 1629.

Juan quartiert in dem ihm und seinem Bruder Luis gehörenden Hause seinen Freund Manuel ein. Und zwar unmittelbar neben dem Zimmer deren Schwester Angela. Die Verbindungstür ist jedoch nicht passierbar, weil sie auf Angelas Seite durch einen wuchtigen Schrank verstellt ist. Der ist jedoch, was die gastgebenden Brüder nicht wissen, verschiebbar; und diesen Umstand, ziemlich leicht und schnell ins Nebenzimmer zu gelangen, nutzen Angela und ihre ebenso schalkhafte Zofe Isabel weidlich aus. In Manuels Abwesenheit durchstöbern sie sein Gepäck, und Angela legt ihm sogar eine schriftliche Notiz ins Bett. Bei der Rückkehr findet Manuel sein Zimmer ungeordnet vor; sein Diener Cosme - Grazioso - versucht ihm obendrein einzureden, ein Kobold habe dasselbe heimgesucht.

Angela läßt durch Isabel einen Packen frischgewaschener Kleidungssachen in Manuels Zimmer abstellen. Die Zofe wird jedoch von dem vorzeitig zurückkehrenden Diener Cosme überrascht und vermag ihre Identifizierung nur dadurch zu verhindern, daß sie dessen Kerze auspustet und aus dem Raum huscht. Jetzt ist Cosme erst recht von der Existenz eines Schabernack treibenden Kobolds überzeugt.

In Gegenwart ihrer Cousine Beatriz empfängt Angela den ihr in seiner leichten Verwirrung immer sympathischer werdenden Manuel. Als Bruder Juan naht, wird Manuel durch jene Verbindungstür vorsichtshalber in sein Zimmer abgeschoben. Als Juan gegangen, erscheint unversehens der boshafte Bruder Luis, entdeckt die Schiebemöglichkeit des Schrankes an der Verbindungstür, dringt ins Nebenzimmer ein und stellt dort wegen vermeintlicher Ehrverletzung seiner Schwester Manuel zum Duell. Angela fleht Manuel an, den Schutz ihrer Person zu übernehmen. Doch das darf wieder nur ein Ehemann. Nur zu gern bietet ihr Manuel seine Hand fürs Leben. Auch Juan wird mit Cousine Beatriz einig, und so geht nur der gehässige Luis leer aus.

Die Problemlösung am Schluß also ähnlich der in der vorangegangenen Komödie. Doch die übermütigen Streiche Angelas und ihrer Zofe Isabel, die den Platz der "Dame Kobold" auf den Repertoires auch ausländischer Theater sichern, lassen sich nur mit sehr gebremstem Vergnügen verfolgen.

Angela: "Wo ich, da mir Freiheit fehlt, Muß in Kerkerhaft ermatten, weil ich, Witwe eines Gatten, Mit zwei Brüdern bis vermählt."

Seitens ihrer Brüder wird Angela, die als junge Witwe in deren Haus zurückgekehrt ist, als Eigentumssache, fast wie ein gefangenes Tier gehalten. Nur in Verschleierung wagt sie den Ausgang auf Straßen und Wege. Und selbst in diesem Zustand folgt ihr Wachhund Luis auf Schritt und Tritt. So daß sie bei Handlungsbeginn in schierer Verzweiflung Manuel, einen ihr völlig unbekannten Edelmann, bittet, den hartnäckigen Verfolger den eigenen Bruder Luis, abzulenken. Als Kavalier muß nun Manuel den Wunsch der Dame respektieren. Das wiederum nutzt Luis aus, ihn zum Duell zu fordern. Bei demselben wird Manuel auch noch verwundet. Was für eine gesellschaftliche Wirklichkeit, in der jener allmächtige Ehrenkodex in solche abstruse Verwicklungen hineinzwingt! Kein Wunder, wenn am absehbaren Ende ihrer permanenten Freiheitsberaubung Angela zu dem geliebten Manuel hin in den (V.2997,2998) gequälten Stoßseufzer ausbricht: "Mein Wunsch war, Dich zu begehren, mein Ziel, Dich zu lieben, meine Furcht, Dich zu verlieren." Dennoch: ein Bravissimo für Calderons originellste Komödie!

3. Es steht schlimmer, als es stand.

Peor está que estaba. Erstdruck 1635.

In einem Brief aus Neapel bittet ein Freund des Gouverneurs von Gaeta diesen, seiner Tochter Flerida, die mit einem Edelmann durchgebrannt sei, die Flucht über Gaeta nach Spanien zu verunmöglichen. Dem Gouverneur graut vor der Möglichkeit, seine eigene Tochter Lisarda könne eine ähnliche Aktion in die Wege leiten. - Flerida bittet Lisarda, ihr im Haus ein Kurzlogie zu gewähren; sie sei ihrem Verlobten Cesar nachgereist, der deshalb nach Spanien flüchten wolle, weil er im Duell einen Rivalen getötet habe. - Dieser Cesar trifft in einem Gasthof auf Lisardas Verlobten Juan. Dort stellt sich aber auch die verschleierte Lisarda ein, die der alsbald eintreffende Gouverneur in sein Haus bringen läßt in der Falschvermutung, die Verschleierte sei die gesuchte Flerida. Cesar wird in eine Gefängniszelle gesteckt. Lisardas Verlobter Juan hingegen darf im Hause des Gouverneurs übernachten.

Lisarda, die ein Auge auf Cesar geworfen hat, will ermitteln, wie intensiv sich dessen Beziehung zur Verlobten Flerida entwickelt hat. Auf eine schriftliche Einladung Lisardas hin entweicht Cesar aus seiner Haftzelle,doch im Zimmer der Lisarda löst sich versehentlich ein Schuß seiner Pistole. Erschrocken springt er zum Fenster hinaus, wo er jedoch von dem eifersüchtig gewordenen Juan gestellt wird und sich mit ihm duellieren muß.

Am nächsten Morgen klagt die - heftige Eifersucht zumindest vorspiegelnde - Lisarda ihren Verlobten Juan heimlicher Beziehungen zu Flerida an, die sich inzwischen ihrerseits verschleiert hat. Doch die muß sich entschleiern, als der Gouverneur mit Cesar, den er aus dem Gefängnis hat holen lassen, hinzukommt. Der vermählt sich nun endlich mit seiner Flerida, während sich Lisarda mit dem leicht philiströsen Juan begnügen muß.

Der Handlungsaufbau wirkt konventionell, das vorgegebene Strickmuster mit den beiden Liebespaaren, die sich wechselseitigen Eifersüchteleien nicht zu entziehen vermögen, bleibt klar erkennbar. Für uns Heutige immer wieder befremdlich, wenn nicht gar am Ende störend, das dauernde Sich-Verschleiern beider Frauengestalten. Was freilich zum seinerzeitigen Alltag gehörte.

4. Es steht besser, als es stand.

Mejor está que estaba. - Der heutige Leser / Zuschauer sollte sich nicht daran stoßen, daß dieses durch und durch spanische Lustspiel in Wien spielt. Denn dort heiratete am 26.2.1631 eine spanische Prinzessin den - ebenfalls habsburgischen - Thronfolger, den späteren Kaiser Ferdinand III. Calderon brachte das Stück im gleichen Jahr zu Papier.

Carlos Colonna hat im Duell den Cousin von Flora, der Tochter des Wiener Bürgermeisters (Potestad), einen Don Cesar, getötet und sucht auf der Flucht Unterschlupf bei Flora. Die versteckt ihn im Haus. In Wirklichkeit hat Cesar nur scheintot jenes Duell überstanden und verfolgt jetzt zusammen mit Freund Arnaldo den Duellgegner. Als sie bei Flora auftauchen, flunkert die ihnen vor, Carlos sei aus dem Fenster gesprungen und entkommen. Als die Verfolger gegangen, holt Flora den Geflohenen aus seinem Versteck. Beide entdecken ihre Liebe füreinander. Doch angesichts weiterer befürchteter Suchaktionen empfiehlt Flora dem Carlos dringend, sich wenigstens die nächste Nacht im Bereich des Gefängnisses zu verbergen.

Dort besucht ihn die verschleierte Flora und schenkt ihm einen Ring. Am nächsten Morgen besucht nun Carlos seinerseits heimlich Flora und schenkt ihr den gleichen Ring nichtsahnend, daß die Verschleierte von gestern und die jetzt vor ihm Stehende identisch sind. Carlos flüchtet weiter zu Floras Freundin Laura. Deren Verlobter Arnaldo verhilft ihm großzügig zur weiteren Flucht. Doch da nähern sich Polizisten. Um sie zu täuschen, verhüllt sich Arnaldo und läßt sich als falscher Carlos ins Gefängnis bringen.

Dort duellieren sich der falsche und der echte Carlos, weil Arnaldo der Flora vorwirft, sich mit dem Mörder ihres Cousins eingelassen zuhaben. Eine ellenlange Suite von Verwechslungen, Irrtümern, Verschleier- ungsaktionen und Eifersüchteleien kreuz und quer folgt. An deren Ende die Vermählungen Carlos - Flora und Arnaldo - Laura zu vermelden sind.

Das Verhalten das Arnaldo gegenüber Carlos bleibt widersprüchlich unklar. Überhaupt jenes sich immer unübersichtlicher gestaltende Durcheinander, in das auch noch die Dienerschaft hineingezogen wird. Namentlich jenen III.Akt macht es nahezu unbekömmlich. Sodaß sich auch hier wieder einmal konstatieren läßt: Viel weniger wäre weit mehr gewesen.

5. Der geplagte Astrologe.

El astrólogo fingido. 1632.-

Juan will als Soldat auf den flandrischen Kriegsschauplatz und sich deshalb von der heißgeliebten, von ihm jedoch bisher sich stets distanzierenden Maria verabschieden. Beim Abschied offenbart sie ihm erstmals ihre wachsende Zuneigung zu ihm. Deshalb bleibt Juan nun doch in Madrid. Um sich aber in seinem Umfeld nicht der Lächerlichkeit auszusetzen, hält er sich die nächste Zeit über incognito bei seinem Freunde Carlos auf und will sich nur nachts mit Maria an deren Gartenzaun treffen. Der ebenfalls um Marias Gunst werbende Diego wird von ihr brüsk zur zurückgewiesen. Doch Marias Zofe Beatriz plaudert Juans Heimlichgetue Diegos Diener Moron aus.

Als Maria Wochen später den aufdringlichen Diego erneut abweist, konfrontiert er sie mit ihren und Juans nächtlichen Heimlichkeiten. Diese Tatsachen seien ihm nicht etwa durch die geschwätzige Zofe bekannt geworden, sondern durch den Umstand, daß er ein allwissender Astrologe, ein unfehlbarer Sterndeuter sei. Das spricht sich herum. Und mit Hilfe dieses nun immer berühmter werdenden Mannes versucht nun auch Juans verflossene Freundin Violante, den Exgeliebten für sich zurückzugewinnen.

Nach Monaten richtet es Juan so ein, als ob er offiziell vom Schlachtfeld direkt nach Madrid zurückkehre, und besucht nun seine Maria vor aller Augen. Diego seinerseits vermag sich der vielen Anfragen und Hilferufe seiner Mitmenschen kaum noch zu erwehren. Unter anderem verlangt jetzt Violante von ihm, er solle den Heimgekehrten zwingen, sie zu lieben. Während Juans Freund Carlos von ihm fordert, er solle eben Violante zwingen, ihn, Carlos, zulieben. Als sich nun die Wünsche der vielen Menschen nicht erfüllen lassen, zerplatzt des Sterndeuters angebliche Allwissenheit wie eine Seifenblase, sein Nimbus löst sich in Luft auf. Die schwer enttäuschte Violante eröffnet Marias Vater, seine Tochter verstecke bei sich unerlaubterweise einen Liebhaber. Anläßlich der anschließenden Suchaktion wird Juan gefunden. Wie soll der Vater nun seine und seiner Tochter Ehre retten? Juan und Maria reichen sich die Hand zum Lebensbunde. Ein Skandal findet nicht statt.

Der Einbau eines fingierten Sterndeuters in eine Lustspielhandlung entbehrt nicht der Originalität. Daher wurde das Stück alsbald auch auf ausländischen Bühnen gegeben. Dennoch bleibt tadelnswert, daß die Aktionsstränge von Juan - Maria einerseits und des Diego andererseits im weiteren Verlauf auseinandertriften. Der schließlichen Entzauberung des Astrologen wäre ein finaler Knalleffekt mit durchschlagender Wirkung zu wünschen gewesen.

6. Morgen ist auch ein Tag.

Manana será otro dia. Uraufführung 1634 (?). Madrid.-

Elvira bittet Beatriz dringlichst, verschleiert sich mit ihrem Favoriten zu treffen. Denselben identifiziert Beatriz am Treffpunkt erschrocken als ihren Bruder Juan, den der Vater aus dem Haus geworfen hat, und der jetzt gleichzeitig Elvira und der reichen Leonor den Hof macht. Ein Rivale kommt hinzu, duelliert sich mit Juan und wird dabei verwundet. Als Polizisten anrücken, flüchten die Anwesenden, nur Beatriz wird von ihnen gegriffen. Auf ihren Hilferuf hin befreit sie der aus der Provinz soeben angereiste Ritter Fernando; Elvira weiß noch nicht, daß es ihr "durch Vollmacht vermählter" eigner, freilich unbekannter Bräutigam ist. Der unbeherrschte Juan sieht freilich durch ihren Umgang mit dem Fremden die Ehre seiner Schwester als verletzt an und stürzt sich mit gezücktem Dolch auf die sich Entschleiernde. Und abermals greift Fernando rettend ein, freilich nicht ahnend, daß es sich um die gleiche Frau handelt.

Dennoch will Fernando, der sich heftig in Beatriz verliebt hat, dieselbe enttäuscht verlassen. Seine Cousine Leonor redet ihm ein, der mit dem Dolch Herumfuchtelnde wäre Beatrizens eifersüchtiger Liebhaber. Seine Abreise schiebt Fernando allerdings auf, als er gleichzeitig zwei Briefe erhält, in welchen eine Donna Beatriz und eine Señorita Beatriz ihm gleichermaßen für Rettung aus gefährlichen Situationen danken.

Zufällig treffen die von Juan gleichermaßen umworbenen Elvira und Leonor mit diesem zusammen und liefern sich prompt eine lautstarke Eifersuchtsszene. Leonor begreift wenigstens jetzt, daß Juan nur ihres Vermögens wegen hinter ihr her ist. - Beatriz löst nun endlich vor Fernando, den sie nun nach dem Schock von dessen angekündigter Abreise mehr denn je liebt, das Geheimnis ihrer doppelten Erscheinung. Die bisher nur "durch Vollmacht Vermählten" finden sich nun auch leibhaftig. Elvira bekommt den ernüchterten Juan.

Unklar bleiben die näheren Umstände einer solchen Vollmachtsheirat. Doch sonst ist wieder einmal fast alles beisammen, was die spanische Eigenart ausmacht: Eifersuchtsan- und ausfälle, Verschleierungen, Duell mit Degengeklirr, drohende Erdolchung. Trotz vorteilhafter Gesamtkonzeption bleibt der Handlungsverlauf mit zuviel unübersichtlichen Einzelheiten befrachtet. Der Elvira ist nur zu wünschen, daß sie es neben dem ausbündigen Juan aushalten kann.

7. Zauber ohne Zauber.

El encanto sin encanto. Uraufführung vor 1635. Südfrankreich.

Als anläßlich eines Spazierganges im Park die Dame Serafina ihren Handschuh fallen läßt, hebt ihn ihr einer Begleiter Celio auf. Daraufhin wird er von Serafinas anderem Begleiter Florante zum Duell gefordert. Dieses jedoch verhindert Florantes von Eifersucht gequälte frühere Geliebte Margarita. - Inzwischen kentert Serafina nahe der Meeresküste mit ihrer Gondel. Enrique rettet sie und bringt sie ans Land. Sie versteckt ihn in ihrem Haus, da er kurz zuvor an Florantes Seite dessen Duellgegner erstochen hatte, den Bruder der eifersüchtigen Margarita.

Im Garten Serafinas eröffnet Enrique ihr, er wolle nicht länger ihren Schutz in Anspruch nehmen, sondern über das Meer entfliehen. In diesem Moment werden sie überfallen und in einen Turm verschleppt. Verschleiert sucht bald danach Serafina den Enrique in jenem Turm auf. Sie gestehen sich ihre Liebe zueinander. Doch auch Florante gelangt in den Turm, auf der Flucht vor der - Blutrache für den ermordeten Bruder schwörenden - Margarita. Wieder einmal ein Deus ex machina: der Gouverneur taucht ebenfalls auf und auf seinen Befehl hin müssen heiraten: Florante und Margarita sowie Celio und Florantes Schwester. Ohne Druck von dritter Seite finden sich beseligt Serafina und ihr Enrique, dem Margarita jene Nothilfetötung verzeiht.

Ein miserables Stück! Die Charaktere der Beteiligten sind nicht durchgearbeitet. Die Handlung bleibt brüchig und unglaubwürdig. Der Sinn des Verstecktwerdens, des Sich-Verschleierns und der Duelle enthüllt sich noch schleppender als sonst ohnehin. Die zwischen Serafina und ihrem Lebensretter aufbrechende Liebeswonne wird noch am überzeigendsten besungen.

8. Der Versteckte und die Verschleierte.

El escondido y la tapenda.- Uraufführung 1636, Erstdruck 1657.- Madrid.- Bereits der Titel avisiert eine typische MD-Komödie. Doch während Calderons zweiter Schaffensperiode, etwa zwischen dem Zeitpunkt seiner Berufung zum königlichen Hoftheaterdirektor und dem seiner Priesterweihe (1635-1651) scheinen Frische und Spontaneität von schöpferischer Inspiration etwas nachzulassen.

Cesar rettet aus einem See die unfallshalber hineingestürzte Lisarda, deren Bruder er zuvor im Duell getötet hatte. Zwar liebt sie den seitens ihrer rachedurstigen Verwandtschaft Verfolgten nicht, will ihr aber auch nicht seinen Aufenthalt verraten, auch nicht ihrem Bräutigam Juan. - Später bringt Celia, die Schwester dessen Freundes Felix, den verfolgten Cesar in einem Versteck bei sich unter. Dasselbe kann Cesar freilich deshalb nicht verlassen, weil Felix alle Haustüren abschließt.

Ausgerechnet in Felixens Haus mieten sich jetzt Lisardas Vater und Bräutigam Juan ein. Als nun Lisarda in Juans Zimmer zufällig Celia sieht, wird sie von Eifersucht gepackt. Tatsächlich muß Celia aber den Cesar weiterhin bei sich verstecken, weil dessen Flucht aus dem Haus infolge einer Duellforderung des ihn aufspürenden Juan verunmöglicht wird.

Nun bezichtigen sich Juan und Lisarda wechselseitig der Untreue. Anläßlich einer seitens Lisardas Vaters angeregten Hausdurchsuchung werden ein sein Gesicht verhüllender Mann und eine verschleierte Frau aufgespürt. Die geben sich schließlich zu erkennen: Cesar und Celia. Und da er sich mit ihr vermählen will, entfällt auch bei Bruder Felix jeder Anlaß, eine Celia etwa treffende Ehrverletzung zu rächen. Auch Juan und Lisarda finden sich wieder.

Wiederum zwei Liebespaare inmitten von Eifersüchteleien, Verschleierungen und Degengefuchtel. Cesars Diener Mosquito spielt zusätzlich seine Grazioso-Rolle. Unglaubhaft die plötzliche Einmietung von Lisardas Vater und Bräutigam unmittelbar neben Celias und Cesars Versteckensverschlag.

9. Mit der Liebe ist nicht zu spaßen.

No hay burlas con el amor. - 1637.- Madrid. -

Durch Moscatel, den Diener seines Freundes Alonso, läßt Juan einen Brief bei der von ihm angebeteten Leonor abgeben. Der Leonor reißt jedoch deren unangenehm dominante, in altphilologischer Gelehrsamkeit sich spreizende Schwester Beatriz den Brief aus der Hand, und der wiederum Vater Pedro. Da jedoch aus dem Brief weder Adressatin noch Absender ersichtlich sind, versinken die Drei in ineffektives Rätselraten.

Nun sucht Juan persönlich Leonor auf. Beide beschliessen, die spröde Beatriz dadurch zu ärgern, daß sie mit erfundenen Liebesanträgen bombardiert werden soll. Juans Freund Alonso soll bei ihr den Hauptanbeter spielen. Tiefer trifft Beatriz die Wegnahme ihrer lateinischen Bücher durch Vater Pedro, der ihr jetzt ständig niedere Hausarbeiten aufzwingt. Aus Rache entschlägt sie sich hinfort jeglichen gebildeten sprachlichen Umgangs und nervt Verwandte wie Bekannte mit ordinärem Gassenjargon. Dessen Zeuge wird nun auch der bei ihr auftauchende "Anbeter" Alonso. Der muß sich freilich, um seitens des mißtrauischen Vater Pedro nicht überrascht zu werden, erst in einem Schrank verstecken und sodann nachts durchs Fenster auf die Straße springen.

Nun drängt der infolge des Sprunges leicht lädierte Alonso seinen Freund Juan, ihn zu einem offiziellen Besuch in Pedros Haus zu begleiten. Dort treffen sie auf eine unglücklich gestimmte, vom Vater gemaßregelte und von Schwester Leonor verspottete Beatriz, die inzwischen alle bisherige Sprödigkeit verloren hat. Alonso darf sich bei ihr für seine fatale vorgetäuschte Anbeterrolle entschuldigen. Unvorhergesehen brechen nun aber bei ihm wie bei ihr echte Gefühle füreinander durch. Und da sich Juan und Leonor ohnehin einig sind, sieht Vater Pedro künftig für sein Haus keine Probleme mehr.

Sicherlich eine der besten Komödien Calderons. Prächtig die nuancenreiche Rolle der entwicklungsfähigen Beatriz. Daß der Alte sie zwingt, statt hochgeistiger Beschäftigung fortan nur noch zu nähen, zu stricken und zu spinnen, erinnert an eine ähnliche Erziehungsmaßnahme des preußischen Soldatenkönigs gegenüber seiner Tochter, der zur Verheiratung mit dem Bayreuther Erbprinzen anstehenden Prinzessin Wilhelmine in Karl Gutzkows Meisterkomödie "Zopf und Schwert" (1844).

10. Die Verwicklungen des Zufalls.

Los Empenos de un acaso. - Wahrscheinlich um 1640 verfaßt. - Madrid.- Es geht gleich gut los: Vor dem Hause der Leonor duellieren sich der von ihr favorisierte Felix mit dem von ihr abgewiesenen Diego. Als Leonors Vater hinzutritt, flüchtet Diego; Rivale Felix wird gleichwohl von Eifersucht geplagt. - Nun bittet Diego seinen Freund Juan, per Diener einen Brief von ihm ins Haus der Leonor befördern zu lassen. Diesen Brief fängt jedoch Felix ab, verprügelt den Diener und überschüttet Leonor mit Vorwürfen. Als der blessierte Diener zurückkommt, planen Diego und Juan ein gemeinsames Racheduell mit/gegen Felix.

Die verschleierte Elvira sucht Felix auf und warnt ihn vor zwei ihm feindlich Gesonnenen. Leonor kommt hinzu, um sich mit Felix auszusöhnen, erleidet jedoch beim Anblick der verschleierten Frau nun ihrerseits einen Eifersuchtsanfall. Das Duell zwischen Felix und Juan wird dadurch unterbrochen, daß Felixens Diener seinem Herrn eine Gefahrenmeldung übermittelt: um deren Ehre zu retten, wolle Leonors Vater seine Tochter erdolchen.

Während sich Felix, Diego und Juan versöhnen, ist Leonor vor ihrem Vater in Juans Wohnung geflüchtet. Der verspricht ihr seinen Schutz. Doch Elvira, nun ihrerseits von Eifersucht erfaßt, kommt hinzu, kurz danach Diego, der seine verschleierte Schwester für Leonor hält, Zornig erscheint schließlich auch noch der Alte auf der Bildfläche. Doch sein Zorn verraucht sofort, als ihn Felix um die Hand seiner Tochter Leonor bittet. Das animiert die sich entschleiernde Elvira, ihrerseits Juan die Hand zum Lebensbund zu reichen. So finden die "Verwicklungen" ihr Ende.

Auch diese MD-Komödie gelangte über Spaniens Grenzen hinaus. Corneille brachte bereits im Jahre 1651 seine Calderon-Nachdichtung "Les Engagements du Hazard" auf die französische Bühne.

11. Der Tanzmeister.

El maestro de danzar. - 1640. - Valancia.-

Als Enrique seine angebetete Leonor besuchen will, fleht ihn eine verschleierte Flüchtige um persönlichen Schutz an. Ihr auf der Fährte sind Felix sowie Juan, der Bruder der flüchtigen Beatriz. Doch nicht ihnen, sondern Polizisten gelingt es, Enrique und Beatriz zu stellen. Während sich Enrique mit denselben schlägt, flüchtet sich Beatriz weiter zu Leonor, wo sie mit Zustimmung deren Vaters Aufnahme findet.

Bei Leonor findet sich nun aber auch ihr Enrique ein, der vor allem ihre verstimmte Gitarre in Ordnung bringen will. Plötzlich tritt der Vater auf. Geistesgegenwärtig stellt sie ihm den Enrique als einen Tanzmeister vor. Erfreut genehmigt der übertölpelte Alte die gesellschaftsnotwendigen Tanzstunden, denen er interessiert beiwohnen will. Wütend muß nun der etwas ungelenke Enrique einen sich immerfort verrenkenden Tranzlehrer mimen und -innerlich kochend- seiner Leonor Höflichkeitsfloskeln, Etikettengestik, Hofknickse und überhaupt die in einem Tanzsaal üblichen Verhaltensmanieren beibringen. Unglücklicherweise hat auf Beatrizens Wunsch hin Leonor auch noch den Felix zu sich eingeladen, den Enrique irrigerweise als Leonors neuen Favoriten einstuft und schließlich sogar zum Duell fordert.

Enriques Eifersucht hält auch noch an, als Leonor ihre Freundin Beatriz und Felix endgültig zusammenführt. Alsbald sieht Enrique die Grundlosigkeit seines eifersüchtigen Gehabes ein; doch nun ist es die dadurch gekränkte Leonor, die ihm die kalte Schulter zeigt. Und völlig durcheinander ist er, als bei ihm Leonors Vater auch noch die demnächst anstehende Hochzeitstanzmusik bestellt. Doch nach mancherlei Verirrungen und Verwechslungen erfolgt das, was am Ende einer MD-Komödie erfolgen muß: auch Enrique und Leonor werden ein glückliches Paar.

Auch wenn sich das Stück in bewährten Bahnen fortbewegt, ist es doch recht sinnvoll und folgerichtig gebaut. Höhepunkt bleibt natürlich der Tanzmeisterunterricht im II.Akt, zweifelsfrei ein Kulminationspunkt der Bühnenkomik in der dramatischen spanischen, sogar in der Weltliteratur.

12. Wem ich folge, dem folge ich.

Con quien vengo, vengo. - Etwa 1641. - Verona.-

Wieder einmal ist eine Leonor im Spiel. Brieflich lädt sie den geliebten Juan zu einer nächtlichen Unterredung in ihren Garten ein. Schwester Lisarda will als deren Zofe verkleidet vorsichtshalber in deren Nähe verweilen. Bruder Sancho warnt seine Schwester vor möglichem Ehrverlust. -

Nach Erhalt des Briefes finden sich Juan, Ursinos Sohn, mit seinem Freunde Octavio, den er als seinen Diener vorstellt, nachts in jenem Garten ein. Angenehmes Geplauder mit Leonor und deren "Zofe" Lisarda. Doch flüchten alle Vier in dem Moment auf und davon, als plötzlich Bruder Sancho auftritt.

Nochmals treffen sich jene Vier im nächtlichen Garten des Sancho. Abermals überrascht sie Sancho, diesmal von Dienern begleitet. Nur Juan und Leonor können flüchten. Sancho und Octavio, die bereits früher einmal gegeneinander gefochten hatten, duellieren sich erneut. Danach versteckt Lisarda den Octavio im Haus, während der verwundet röchelnde Sancho von Juans Vater Ursino aufgefunden wird, der sich auch um die schutzlos gewordene Leonor kümmern will.

In Ursinos Haus finden sich Leonor und Juan sowie die sich näher gekommenen Lisarda und Octavio. Sancho, der kaum noch unter seiner Verwundung leidet, will grausame Rache an Octavio nehmen. Ursino stellt sich ihm als Sekundant zur Verfügung. So kommt es im Park zu folgender Konstellation: Sancho mit Ursino als Sekundanten contra Octavio mit Freund Juan als Sekundanten. Als im Degengefecht die Positionen wechseln, schlagen sich Ursino und Juan, also Vater und Sohn. Auseinandergebracht werden sie erst durch die Frauen und den entschieden eingreifenden Gouverneur Veronas. Danach steht der Vermählung der beiden Liebespaare nichts mehr im Wege.

Der spanische Ehrenkodex, der im völlig sinnentleerten Sich-Duellieren einen seiner berüchtigten Spitzentriumphe feiert, führt hier sogar dazu, daß der erbetene Beistand für einen letzthin Fremden selbst gegenüber engster Familienbande vorrangig bleibt. Vater vor dem Duell zum Sohn: "Ich folge dem, der mich mitbringt; da kenn ich Niemanden weiter in der Welt."

Mehr als nur kopfschüttelnd wenden sich nicht nur Heutige von solch abstruser Gesinnung ab. Das werden auch schon die Zeitgenossen des 17.Jahrhunderts im außerspanischen Europa getan haben, zumindest ein großer Teil von ihnen.

13. Aprilmorgen und Maimorgen.

Mananas de abril y mayo. - 1644. - Madrid.- Fragwürdiger Aktionsaufbau des Stückes, bei dem bereits zu Beginn zwei Handlungsstränge mühsam zusammengeführt werden müssen.

Ritter Juan bittet den Hausherrn Pedro um Zufluchtsaufnahme in seinem Haus. Seiner Braut Anna wegen habe er einen Rivalen im Duell erschlagen müssen; dessen Verwandter Luis drohe mit Blutrache. Pedro nimmt Juan bei sich auf. - Hipolito, ein geckenhaftes Lästermaul und obendrein Schürzenjäger, hat es in Begleitung jenes Luis auf die kokottenhafte Clara abgesehen, die er aber ob deren dichter Verschleierung anläßlich eines Parkspazierganges nicht erkennt. Vorsichtshalber begibt sich Clara ins Haus der Anna, um den hartnäckigen Verfolger abzuschütteln. Doch der tritt unversehens selbst bei Anna auf, hält sie für die zuvor im Park Verschleierte und macht ihr ziemlich geradezu den Hof. Resolut wirft ihn Anna aus dem Haus. - In Pedros Behausung erzählt diesem der aufschneiderische Hipolito, er werde über kurz oder lang auch Annas Herz erobern; der das Gespräch versteckt belauschende Juan wird davon nur zu schmerzlich berührt.

Von Annas Treue ist Juan auch dann nicht überzeugt, als sie in Pedros Haus persönlich erscheint und ihn ihrer unwandelbaren dauernden Zuneigung versichert. Auch dann nicht, als sie ihn ihr anschließendes Gespräch mit Hipolito heimlich belauschen läßt, der ihr die überschwänglichsten Huldigungen darbringt, zusätzlich aufgeladen durch ein Stelldichein-Angebot, dessen Brief die listige Clara allerdings anonym ihm zugehen ließ.

Luis stellt endlich den Juan zum Blutracheduell. Ihm schlägt Juan den Degen aus der Hand und erlaubt ihm großzügig, sich einen Ersatzdegen zu besorgen. Während Clara und Hipolito mit ihren unsinnigen Aktionen ein Durcheinander anrichten, vermag sich Juan von Annas Integrität zu überzeugen, und Beide finden sich endlich zum Lebensbund. Der einsichtig gewordene Luis verzichtet auf Blutrache.

Ein eher schwaches Werk. Clara ist nicht hinreichend durchcharakterisiert. Das Erscheinungsbild des albernen Hipolito bleibt verschwommen. Vollends so unmotiviert wie undurchsichtig jene Situation im II.Akt, die den Juan veranlaßt, in Pedros Haus aus dem Fenster zu springen. Solchem Komödienverlauf ist auch nicht durch dramaturgische Straffung beizukommen.

14. Willkommen, Unglück, wenn du allein kommst!

Bien vengas, mal, si vienes solo. - Madrid.- Wieder eine jener seltsamen Stückbetitelungen Calderons, die gelegentlich den in Spanien gebräuchlichen Sprichwörtern oder Redefloskeln entnommen sind.

Im Hause des Luis rivalisieren um die Gunst dessen Schwester Maria zwei Liebhaber: Juan ersticht im Duell Fadrique und flüchtet. Aus Furcht vor ihrem Bruder gibt Maria die an sie bisher gerichteten Liebesbriefe Juans ihrer Freundin Anna zur Aufbewahrung. Dort jedoch entwendet dieselben deren Galan Diego.

Während sich Anna und Diego dann doch wieder versöhnen, obwohl Luis mit Liebesbeteuerungen gegenüber Anna stört, verfehlen sich Juan und Maria. Unglücklicherweise treffen jedoch Juan und Diego aufeinander; Diego offenbart sich ihm als Cousin des im Duell getöteten Fadrique.

Das an sich nun unausweichliche Duell zwischen Diego und Juan scheitert daran, daß Juans Diener Espinel mit Schiesserei aus seiner Muskete droht. Weiteren Streit zwischen den Beteiligten verhindert in Annas Zimmer deren mit gezogenem Degen auftretende Vater. Auf seine Intervention hin sagen Juan und Maria ihre Vermählung zu. Anna hingegen muß sich zwischen ihren beiden Anbetern Diego und Luis endgültig entscheiden: sie erklärt sich für Diego, der dem Juan die Duelltötung an seinem Cousin nachsehen will.

Auch diesmal geht es ohne verschleierte Frau und versteckte Männer nicht ab. Ein Duell wird freilich verhindert. Daß dies ausgerechnet durch einen Diener geschieht, der mittels geladener Muskete zwei Caballeros in Schach hält, mag die Figur des Grazioso aufwerten, erscheint dann aber doch recht unglaubwürdig.

15. Zuerst komme ich.

Primero soy yo. - Valencia.-

Lange Feindschaft besteht zwischen den Familien der Ansa und des Gutierre. Das Landhaus der Ansa in der Nähe Valencias wird von der jungen Hipolita und deren momentan abwesenden Brüdern Alvaro und Vicente bewohnt. Unbemerkt hat Gutierre einen unterirdischen Geheimgang zu dem Landhaus hin treiben lassen.

Als er sich gerade zu dem schon lange geplanten Überfall auf die Brüder vorbereitet, stürzt ein Teil des Landhauses in sich zusammen und verschüttet Hipolita. Gutierre rettet sie aus den Trümmern, verschweigt ihr aber seinen Namen. - Dessen Geliebte Laura wird zufällig fast zur gleichen Zeit seitens ihres Vaters Lisardo der Hipolita zum Schutze anvertraut, die inzwischen in ihren Stadtpalast zurückgekehrt ist.

Hipolita lädt Gutierre zu einem Besuch ein. Dort trifft der jedoch auf seine Laura, was beiderseitige Eifersucht auflodern läßt. Die Lage verkompliziert sich noch dadurch, daß nun auch Hipolitas Bruder Alvaro um Lauras Gunst wirbt.

Einen erneuten Brief Hipolitas an Gutierre übergibt deren Zofe versehentlich dem Alvaro. Der beschließt nach der Brieflektüre eine Racheaktion sowohl gegen die in Augen ehrvergessene Schwester Hipolita als auch gegen den ohnehin dem Hause Ansa gegenüber angeblich feindlich gesonnenen Gutierre. - Hipolita, Laura und deren Vater Lisardo bewohnen wieder das Landhaus der Ansa. Durch jenen geheimen Gang taucht Gutierre bei der völlig überraschten Hipolita auf. Sie bemerkt, daß ihn ein lauter Hilferuf Lauras erschreckt. Auf deren Vater Lisardo hatten die Brüder Alvaro und Vicente eingeschlagen, weil sie ihn versehentlich für Gutierre hielten. Hipolita klärt die verworrene Lage, überwindet ihre Neigung zu Gutierre und führt ihn mit der von ihm heißgeliebten Laura zusammen. Die Familienfehde wird allseits für beendet erklärt.

Ein Stück ohne sonderliche Höhen und Tiefen. Ausnahme: Ansas Landhausgalerie stürzt gleich im I.Akt in die Tiefe. Dies wird den Kulissenschiebern im damaligen spanischen Corraltheater sicherlich erhebliche Probleme bereitet haben.

16. Meine Geliebte über alles.

Antes que todo es mi dama. - Madrid. -

Die aus Granada angereisten Freunde Felix und Lisardo haben bereits zarte Bande zu Madrider Mädchen geknüpft, Felix zu Laura, Lisardo zu Clara.

Durch seinen Diener läßt Felix der angebeteten Laura ein Diadem überreichen. Um das Mißtrauen deren Vaters zu zerstreuen, setzt auf den Rat von Lauras Zofe hin Clara sich das Diadem auf, um es in des Vaters Anwesenheit Laura in aller Form zum Geschenk zu machen. Der nicht eingeweihte Lisardo sieht das Diadem auf seiner Liebsten Haupt und wird eifersüchtig in dem irrigen Glauben, Freund Felix habe den Schmuck seiner Clara zum Geschenk gemacht.

Inzwischen ist die Harmonie zwischen den beiden Liebespaaren auf das Schönste wiederhergestellt, als auf einmal der ebenfalls aus Granada angereiste Antonio, Bruder der Clara, in deren Haus auftaucht. In Granada hatte sich Antonio mit Felix duelliert und eine Wunde davongetragen. Schlimmer noch: auch er wirbt jetzt um Lauras Gunst. Die versteckt bei sich ihren Felix, als Antonio sie besucht. Dennoch vermag sie nicht zu verhindern, daß vor ihrem Haus die alten Duellanten ihre Degen gegeneinander ziehen.

Als Antonio ihn aber auch gegen Lisardo, den Verehrer seiner Schwester Clara, zückt, interveniert Felix zugunsten seines Freundes. In dem Augenblick, in dem die verschleierte Clara den Felix um persönlichen Schutz angeht, hört dieser das Angstgeschrei seiner Laura in der Nähe, auf die deren Vater um der Wahrung der Ehre wegen mit dem tödlichen Dolch eindringen will. Dort trifft Felix gerade noch rechtzeitig ein: er will sich mit Laura vermählen und stellt sie damit unter seinen Schutz. Das ist das Signal für Antonio: er söhnt sich mit Felix aus und stimmt der Heirat zwischen Schwester Clara und Lisardo zu.

Wieder einmal Namenstausch, Verwechslungen, Eifersuchtsszenen, Verschleierung, Versteckens, Duelle -- fast alle Kennzeichen einer spanischen MD-Komödie des Siglo de Oro sind beisammen. Vereinzelte rasante Aktionen und Reaktionen lassen schmunzeln. Dennoch: der unheimlich drohende Ernst lauert hier nicht nur im Hintergrund. Ohne die schnellen Jaworte von Felix und Lisardo wären Laura und Clara nicht mehr am Leben. Wegen unbewiesener Geschlechtsehreverletzungen hätte Lauras Vater seine Tochter, Antonio seine Schwester glattweg erdolcht. Warum auch nicht? Die Mädchen standen ja in deren Eigentum.

17. Das Unglück der Stimme.

La desdicha de la voz. - Madrid, Sevilla. -- Diesmal befindet sich das Karusell in folgender Ausgangslage: Nachdem sich Juan von Leonor gelöst hat, liebt er um so inniger Beatriz, die ihrerseits Diego, Leonors Bruder, abweist. Pedro, der Bruder von Beatriz, findet bei Leonor ebenfalls kein Gehör; außerdem bringt er in Erfahrung, daß demnächst Leonor, Bruder Diego und deren Vater ihren Wohnsitz nach Sevilla verlegen.

Nur weil Beatriz einmal den Diego aufgesucht hat, will ehrenhalber Bruder Pedro sie töten. Er fordert sie ultimativ auf, den Diego zu heiraten. Als sie das beharrlich zurückweist, sogar bestimmt erklärt, dann eher noch sterben zu wollen, richtet Pedro gegen sie den Dolch. Da springt der im Hause gerade auftauchende Juan dazwischen. Während des Duells vermag Beatriz zu flüchten. Doch den ebenfalls erscheinenden Diego verwundet Pedro erheblich.

Bei dem alten Octavio in Sevilla, Freund ihres Vaters, findet die geflohene Beatriz Aufnahme, kurz danach ebenfalls Leonor, deren Vater und der blessierte Bruder Diego. Doch auch der von seiner Schwester höchlichst gefürchtete Pedro findet sich ein, um sie endlich zu erdolchen.

Beatriz leidet unendlich unter den Gehässigkeiten der Leonor, den Anzüglichkeiten deren Bruders Diego, den Morddrohungen ihres eigenen Bruders Pedro, am meisten aber unter der Eifersucht ihres Juan auf den Diego, die sich freilich bald als grundlos herausstellt. Noch einmal hat Beatriz Glück: als Pedro endlich seine Schwester erdolchen will, geht Juan mit letzter Entschiedenheit dazwischen. Nach dem Duell zwischen den beiden Männern erklärt Juan seine Vermählung mit Beatriz. Hingegen gibt Leonor nur ungern dem auf sie seitens des Vaters und des Bruders Diego ausgeübten Druck nach, dem um sie werbenden Pedro die Hand zu reichen.

In allen drei Akten zückt der gewalttätige Pedro seinen Dolch, um die angeblich ehrvergessene Schwester zu töten. Selbst dann schon, wenn er auch nur unten im Garten Beatrizes Gesang hört. In solcher Anhäufung ist jene extrem brutale Handlungsweise einfach unerträglich. Dies war wohl auch schon zur Uraufführungszeit dem ansonsten mittelmäßigen Stückes weithin abträglich gewesen.

18. Welches ist größere Vollkommenheit?

Cuál es mayor perfeccion? - Madrid. --

Leonor erwartet den Besuch ihrer beiden Cousinen Angela und Beatriz. Schon jetzt ärgert sie sich über Angelas dümmliche Überheblichkeit und will sich der liebenswerten Beatriz anschließen. Ihr Bruder Felix hingegen preist Angelas Attraktivität, erfährt jedoch von seinem Freund Antonio, der jedwede Weiberanbeterei verachtet und persifliert, daß es dessen Freund Luis ebenfalls auf Angela abgesehen hat. So trifft es sich, daß gleichzeitig Felix und Luis der Angela den Hof machen. Während mehr und mehr offenbar wird, daß Leonor den umtriebigen Luis, Beatriz den seriösen Felix liebt.

Vorsichtig wechselt Luis von Angela zu Leonor, für die er nun doch tiefere Gefühle aufbringt. Er besucht sie. Dabei werden sie von Felix und Antonio überrascht. Leonor flüchtet aus dem Haus. Luis, der sich zunächst verstekken konnte, entkommt ebenfalls. Infolge intensiver Vermittlung der Beatriz, die sich mit Felix vermählt, schließen dann endlich auch Leonor und Luis ihren Bund fürs Leben.

Jetzt lamentiert die launenhafte Angela in ihrem Hause, als einzige keinen Mann abbekommen zu haben. Antonio, der seinen Freunden lediglich für den Fall eines Falles helfen wollte, wird von Angelas Vater entdeckt; und da dies in Angelas Nähe erfolgt sei, müsse er diese auch heiraten. Dagegen protestiert Weiberfeind Antonio vehement. Doch Felix und Luis geben ihm freundschaftlich zu bedenken: Angela sei schön, zudem sehr wohlhabend und obendrein dumm-, er hingegen zwar intelligent, aber ein armer Schlucker. So kommt es denn unter sanftem Druck von außen zum dritten Akkord.

Gerade jener dritte Akkord ist es, der das ohnehin fortgesetzt an der Grenze zur Unglaubwürdigkeit dahin jonglierende Stück ungenießbar macht. Selbst bei radikaler Beachtung des spanischen Ehrenkodex ist Angelas Vater

Einhalt zu gebieten. Er kann nicht einem Mann, der sich rein zufällig in seinem Hause aufhält, vorhalten, dadurch die Ehre seiner Tochter verletzt zu haben. Und ihn zu einer Problemfrau zwingen, die von zwei Anbetern aufgegeben wurde; welche es dann doch vorzogen, bekömmlichere Ehehäfen anzusteuern.

19. Hüte dich vor stillem Wasser!

Guárdate del aqua mansa! - Nach 1650. - Madrido --

In Lateinamerika ist Don Alonso ein reicher Mann geworden. Er kehrt nach Spanien zurück und holt aus dem Internat seine beiden bisher dort untergebrachten Töchter Clara und Eugenie. Da sich Eugenie sehr lebensfroh unbeschwert verhält und mit den beiden jungen Männern Juan und Pedro flirtet, will Don Alonso sie möglichst bald verheiraten. Leider sucht er sich dazu als reichlich unpassenden Partner den ländlichen Vetter Toribio aus, dessen Unbeholfenheit Eugenie permanent zum Lachen reizt. Alonso vermag freilich nicht zu verhindern, daß aus Eugenie und Juan ein Paar werden, und daß Toribio nur zu gern auf seine Scholle zurückkehrt.

Unterdessen hat sich Juans Freund Felix der melacholischen, still in sich gekehrten Schwester Clara genähert. Den bisher etwas frivol Leichtlebigen verwandelt die Begegnung mit dem ernsthaft aufrichtigen Mädchen vollkommen. Und es dauert nicht lange, da bricht auch in ihrer Seele die große Liebe auf. Eheschließung ist da nur noch eine Frage der Zeit.

Schon öfters hat - auch in seinen Komödien - Calderon jenen Reifeprozeß meisterlich transparent gemacht. In dieser frauenpsychologischen Charakterstudie hat er sich fast selbst übertroffen.

Dieses und die vier folgenden Stücke schrieb Calderon bereits nach seiner Priesterweihe 1651. Deren Entstehung fällt also – sozusagen - in seine dritte und letzte Schöpfungsperiode.

20. Jeder für sich allein.

Cada uno para si. - 1653. - Toledo und Madrido. --

Gerade will Felix eine Reise nach Madrid zu seiner geliebten Leonor antreten, als die verschleierte Violante ihn flehentlich bittet, einem von drei Unbekannten überfallenen Caballero zu helfen. Felix greift sofort ein und stößt auf seinen Freund Carlos. Der Überfallene berichtet ihm, er habe sich in Madrid mit dem Rivalen um die Gunst einer gutaussehenden Dame duelliert, diesen fast tödlich verwundet und sei deshalb hierher nach Toledo zurückgeflüchtet, wo er früher eine gewisse Violante geliebt habe.

In Madrid trifft Felix auf den langsam genesenden Duellgegner des Carlos, den Ritter Enrique, mit dem ihn ebenfalls Freundschaft verbindet, sowie auf die geliebte Leonor. Doch dort vernimmt er zu seinem Bedauern, daß Leonor mit ihrem Vater demnächst nach Toledo übersiedeln muß. Der ist nämlich der vielen Serenaden und Prügeleien leid, die seiner umschwärmten Tochter wegen dauernd vor seinem Hause stattfinden. Der Umzug findet statt. Enrique und Felix reisen ebenfalls nach Toledo. Leonors Vater quartiert sich zunächst bei Violantes Vater, einem nahen Verwandten, ein. Die beiden wesensmäßig unterschiedlichen Mädchen mögen sich nicht sonderlich.

Felix vermittelt Enrique ein Quartier bei einem Freund. Doch kaum erkennen sich Carlos und Enrique, so ziehen sie auch schon ihre Degen gegeneinander; wollen dann aber doch in einem Anfall von Großmut das Duell auf spätere Zeit verschieben. Im Haus Violantes verlaufen die Besuche ganz unterschiedlich. Ihren ehemaligen Liebhaber Carlos weist Violante kalt ab, Felix hingegen wird von ihr wie von Leonor gleichermaßen hochwillkommen geheißen. Eifersüchteleien bleiben dabei freilich nicht aus.

Von seiner Begegnung mit den beiden verschleierten Mädchen wird Felix abgerufen zu einem neuerlichen Duell zwischen Carlos und Enrique. Bevor Beide miteinander fechten, verleiht Enrique dem um ein Ordenskreuz eingekommen Carlos das begehrte Patent. Daraufhin reißt sich in edelmütiger Aufwallung Carlos die Brust auf und bietet Enrique an, dieselbe mit seinem Degen zu duchbohren. Doch daraus wird auch wieder nichts, weil sie übereinstimmend feststellen, vom Duellierungsgrund, nämlich von Leonor, beide gleichermaßen zurückgewiesen zu werden. Jetzt tritt Felix auf und verlangt kategorisch, sie sollten in sein Recht auf Leonor nicht eingreifen. Da die beiden Anderen sich dazu nicht so ohne weiteres zwingen lassen wollen, fechten sie dann mit ihre Degen alle drei: "Jeder für sich allein." gegeneinander. Das Geklirr ruft die beiden Väter nebst Töchtern auf den Plan. Der Schlagabtausch wird dadurch beendet, daß Leonor dem Felix, Violante ihrem früher geliebten Carlos für immer die Hand reicht.

Es hat den Allschein, als ob der alt und weise gewordene Calderon das Duellier(un)wesen hier erstmals ironisch beleuchten wollte. Bei aller akuten Lebensgefährlichkeit reizt ein solches Duell zu Dritt letzthin doch zum verstohlenen Lachen.

21. Feuer des Himmels, tilge der Liebe Glut !

Fuego de Dios en el querer bien! - Druck 1660. - Madrid. –

Beatriz steht vor ihrer Heirat mit Juan aus Sevilla; als der jedoch sein Vermögen einbüßt, widerruft Beatrizens Vater kurzerhand seine Heiratserlaubnis. Beatriz begibt sich zu ihrer Freundin Angela, deren Bruder Alvaro ihr neuerdings den Hof macht. Dabei werden sie von Diego, einem weiteren Verehrer der Beatriz, gestört. Den müssen die Mädchen auch noch im Nebenzimmer verstecken, als Bruder Alvaro auftaucht. Der findet den Diego und verwundet ihn mit seinem Degen erheblich. Als er auch noch seine Schwester bedroht, flüchtet die sich unter den Schutz des soeben in Sevilla eingetroffenen Juan.

Von Beatriz erfährt Alvaro, daß Diego ihr und nicht seiner Schwester Angela den Besuch abgestattet hat. Die beleidigte Angela verzeiht ihm gleichwohl nicht und will nur des ritterlichen Juans wegen nicht das Haus für immer verlassen. Verwirrung und Mißverständnisse zwischen den Beteiligten, vor allem hervorgerufen durch Angelas Verschleierung und den Jähzorn ihres Bruders Alvaro.

Juan und Angela treffen sich bei Beatriz. Als deren Vater mit Alvaro naht, muß Juan versteckt werden. Wiederum entsteht ein unnötiges Durcheinander. Das führt so weit, daß Beatrizens Vater nun doch seine Tochter dem Juan übereignen will. Doch der weiß inzwischen wahre Gefühle zu würdigen und vermählt sich mit der ihn liebenden Angela. Das macht dann die Bahn frei für eine Bindung Beatriz - Alvaro.

Angela und Juan sind die edler Regungen fähigen Naturen, die sich suchen und finden. In ihrem Dialog erweist sich Calderon wie der einmal als profunder Seelenkenner.

22. Man muß der Zeit Zeit lassen.

Dar tiempo el tiempo. - 1662. - Madrid. –

Nach längerer Abwesenheit will Juan nachts zu seiner geliebten Leonor und weiß nicht, daß dort an deren Stelle Beatriz wohnt, die eben den Pedro zu sich einläßt. Das reizt deren ehrpusseligen Bruder Diego so, daß er den Dolch gegen sie zieht. Nur Pedros Dazwischentreten ist es zu danken, daß sie aus dem Haus und sich zu ihrer Freundin Leonor flüchten kann. Der vor dem Hause wartende Juan ihr nach im Glauben, die Fliehende sei seine Leonor. Die eilt ihm in ihrer neuen Wohnung freudig entgegen, doch er weist sie brüsk in dem Wahn zurück, Pedro an seiner Statt als neuen Liebhaber akzeptiert zu haben. Bald klärt sich der Irrtum auf, doch nun spielt Leonor die Gekränkte.

Dem Irrtum fällt auch Leonors Vater zum Opfer. Er bezieht Juans Liebesbeteuerungen auf Beatriz und bittet deren Bruder Diego um Zustimmung zu einer Vermählung Juan – Beatriz. Als der nun bei Leonor erscheint, befürchtet sie eine erneute Dolchdrohung Diegos gegenüber Beatriz und versteckt bei sich vorsichtshalber den Juan. Diego hat jedoch nichts anderes zu tun, als Leonor vollmundig den Hof zu machen. Das wiederum stürzt den horchenden Juan in verzweifelte Eifersucht; es gelingt ihm, ungesehen Leonors Haus zu verlassen.

Leonors Vater setzt Beatriz unter Hochzeitsdruck. Entsprechend eröffnet ihr Bruder Diego dem Pedro, sie werde Juan nehmen. Lautstark erklärt Beatriz, sie kenne keinen Juan und sei deshalb auch außerstande, einen solchen zu heiraten. - Inzwischen läuft der sich ausgegrenzt fühlende und deshalb wutentbrannte Pedro zu seiner Beatriz in Leonors Haus, trifft bei ihr unglücklicher Weise auf Juan und schlägt sich mit ihm als einem vermeintlichen Rivalen. Mit einem Angstschrei stürzt Beatriz herein, verfolgt von dem dolchfuchtelnden Bruder Diego. Sie kann sich dadurch retten, daß sich Juan nun auch noch mit ihm duellieren muß. Erst durch das resolute Eingreifen des Alten wird die längst überfällige Aufklärung erzielt: Leonor und Juan finden sich ebenso wie Beatriz und Pedro.

Für das Zueinander des ritterlichen Juan und der liebenswerten Leonor gilt das gleiche wie das zu Angela - Juan in "Feuer des Himmels" Gesagte.

Ansonsten schlittert das recht billige Verwechslungsstück so eben dahin; es lebt eigentlich nur davon, daß einer Falschinformation alsbald die nächste folgt.

23. Auch Frauen haben ihre Ehrensachen.

Tambien hay duelo en las damas. - 1664. - Madrid. -- Und wieder einmal kreist das Geschehen um eine charmante Leonor.

Ihr Cousin Juan bringt die halb Ohnmächtige zu Violante, die deren Bruder Felix favorisiert. Zu sich gekommen, eröffnet Leonor ihrer Gastgeberin, sie liebe ihren Cousin, werde allerdings ständig von dem unsympathischen Pedro, einem Freund ihres Bruders, bedrängt. Und Leonors Vater drängt nun seinerseits den Pedro aus Ehrengründen, seine Tochter zu heiraten.

Eifersucht befällt Felix, als er sieht, daß Juan Violantes Haus betritt. Die rät Juan, Leonor zu ehelichen. Sogar verstecken muß sie Violante bei sich, als der eifersüchtige Felix auftritt. Des Gerangels um ihre Person zermürbt, möchte sich Leonor am liebsten in ein Kloster zurückziehen. Violantes Vater und Juan duellieren sich, weil der Alte irrtümlich den Jungen für den Verführer seiner Tochter hält.

Totale Verwirrung und ein undurchsichtiges Durcheinander bei und zwischen den Beteiligten. Schließlich ringen sich die beiden Väter dazu durch getreu dem Ehrenkodex der Gesellschaft, ihre dauernd in Liebschaften befangenen Töchter zu erdolchen. Doch deren Favoriten sind ebenso entschlossen, die Mädchen zu verteidigen. Das aber, wenden die Väter ein, dürfen nur Ehegatten. Daraufhin vermählen sich Felix mit Violante, Juan mit Leonor. Und die Alten geben sich glückselig, ihre ununterbrochen umworbenen Töchter nicht mehr scharf bewachen zu müssen.

Der Eifersuchtsanfälle werden hier zuviel kredenzt. Versecktwerden und Verschleierungen mögen noch hingehen. Doch eine absolute Unmöglichkeit läßt sich nicht ausräumen: daß Juan als Cousin erstmals im III.Akt erfährt, daß seine geliebte Leonor Felixens Schwester ist.

24. Schärpe und Blume.

La banda y la flor. - 1649. --

Der florentinische Herzogssekretär Enrique wird von den beiden Schwestern Lisida und Chlori gleichermaßen umschwärmt, die ihm als Zeichen ihrer Zuneigung eine Schärpe und eine Blume übermitteln.

In Bedrängnis gerät Enrique gleich auf dreifache Weise. Er vermag nicht herauszufinden, welches Geschenk er von welcher Schwester erhalten hat, und wie er nun jeweils reagieren soll. Zweitens: der Vater der beiden Mädchen konfrontiert ihn aus Ehrverletzungsgründen mit Duellforderungen. Drittens: der eigene Herzog von Florenz will sich rächen. Er selbst stellt der Chlori nach. Doch die zeigt ihm - anders als gegenüber Enrique - die kalte Schulter.

Hier wird das Problem sichtbar, das bei den sogenannten Comedias Heroikas sehr leicht aufbrechen kann: die gesellschaftliche Schieflage, die infolge der machtmäßigen Bevorteilung der Hochherrschaftlichen entstehen kann.

Daran ändert auch nichts das in diesem Stück routinemäßig herbeigeführte Happy End. Das letzte Drittel der hier aufgezeigten Komödien Calderons betrifft Stücke, die seinerzeit als Comedias Heroikas bezeichnet wurden. Eine mißverständliche Signifikation! Von Heroismus etwa keine Spur!

In diesen Stücken treten nicht nur Bürgerliche und Niederadlige, sondern auch Hochherrschaftliche auf: Könige, Herzöge, Prinzen, Fürsten, Grafen.

Da hielt es denn Calderon, um unter spanisch-einheimischen Granden keine Mißdeutungen aufkommen zu lassen, nun doch für angezeigt, seine Handlungen ins Ausland zu verlegen. Nur "Liebschaften und Glücksfälle" spielen in katalonischen Grafenfamilien. Calderon bevorzugt jetzt italienische Feudalstätten: die Höfe von Neapel, Ferrara, Florenz, Mailand, vor allem Parma. Gelegentlich geraten auch einmal Burgund oder gar Sachsen ins Blickfeld.

Die Abhaltung von Duellen wird nun seltener. Dolchdrohungen fehlen ganz. Verschleierungen und Versteckwerden nur noch schwach dosiert.

Eifersüchteleien können allerdings auch Hochherrschaftliche befallen. Auch in ihren Kreisen bauen sich Spannungsfelder zwischen Liebe und Ehre auf.

Die Granden vermögen freilich Machtmittel einzusetzen, über welche die breite Bevölkerung nicht verfügt. Waffengleichheit ist nicht gewährleistet. Wie sollen sich Minderbedachte im Notfall gegen Bessergestellte verteidigen? Was geschieht, wenn ein Prinz ein Bürgermädchen verführt? Oder gar vergewaltigt?

Eine wirkliche Gesellschaftskritik bleibt einem Calderon fremd. Für ihn ist das Verhältnis eines Fürsten zu seinen Untertanen ein patriarchalisch gottgewolltes. Die vielbeschworene Ehre wird da überlagert von der bedingungslosen Treue zum absolutistischen Landesvater.

25. Liebschaften und Glücksfälle.

Lances de amor y fortuna. - Erstdruck 1635. - In und vor Barcelona. –

In Gegenwart der Grafen Lothario und Rousillon streiten sich die Grafentöchter Aurora und Estela um den Besitz an einer Grafschaft. Aurora hat zwar für sich das Votum des Volkes, bleibt jedoch mit dem gesellschaftlichen Makel behaftet, bereits vor Eheschließung ihrer Eltern geboren zu sein.

Der von Aurora tief beeindruckte Ritter Rugero bietet ihr seine Dienste an und provoziert dadurch fast eine Duellforderung des eifersüchtigen Lothario. Doch bald danach rettet er Aurora vor dem Ertrinkenstod, als die Gondel, in der sie sich mit Lothario befindet, an einer Meeresklippe zerschellt. Die Ohnmächtige trägt er ans rettende Ufer und sucht nach ärztlicher Hilfe. Als sie erwacht, erklärt sich der inzwischen ans Land geschwommene Lothario als ihr Lebensretter.

Da Rugero nun auch noch in einem Gefecht Aurora aus der Hand ihrer Gegner befreit, schenkt sie ihn als Pfand einen kostbaren Ring. Den versetzt jedoch Rugeros krimineller Diener bei Lothario, der ihn dann triumphierend Aurora präsentieren kann und ihr darüberhinaus einredet, Rugero bändele mit ihrer Schwester Estela an.

Aurora will Rugero in Begleitung dessen Schwester Diana vor seinem Haus stellen. Estela und Rousillon erscheinen, verstecken sich aber, als Rugero und Lothario auftreten. Rugero, inzwischen über das Schicksal jenes kostbaren Ringes informiert, fordert Lothario zum Duell. Das unterbindet die dazwischentretende Aurora, die jetzt Rugero die Hand zum lebenslangen Bund reicht. Die Paarungen Estela - Rousillon und Lothario - Diana schließen sich an.

Schwaches Stück! Aus der Ringgeschichte hätte sich vielleicht eine sich verkomplizierende, spannende Handlung entwickeln lassen.

26. Der Liebhaber als Gespenst.

El galan fantasma. Erstdruck 1637. - Hauptstadt des Herzogtums Sachsen. --

Die sich liebenden Julia und Astolfo bringen in Erfahrung, daß der Herzog dem Astolfo nach dem Leben trachtet, um sich Julia gefügig machen zu können. Tatsächlich kommt es eines Nachts in Julias Haus zu einem Duell, bei dem der Herzog den Astolfo schwer verwundet.

Um den Herzog zu irritieren, läßt Astolfs Vater seinen Sohn in aller Öffentlichkeit feierlich bestatten. In Wahrheit kuriert Astolf seinen blessierten Zustand aus, darf sich aber tagsüber nirgendwo erblicken lassen. Doch eines Nachts drängt es ihn wieder zu Julias Gartenlaube. In deren Nähe auch schon der lüsterne Herzog auf der Lauer liegt. Bei Astolfs plötzlichem Erscheinen fällt Julia verständlicherweise in Ohnmacht. Nun will sich der Herzog über sie hermachen. Da ertönt unmittelbar hinter ihm Astolfs Grabesstimme. Das ist für den Herzog zu viel; er flüchtet. Die Liebenden erkennen sich und beschließen, vor einem solchen Regenten ins Ausland zu gehen.

Doch aufgeben will der Herzog immer noch nicht. Mit Hilfe bewaffneter Diener will er Julia gewaltsam ergreifen. Da erscheint urplötzlich Astolf und verteidigt seine Braut mit gezogenem Degen. Ihn hält der Herzog zunächst tatsächlich für ein Gespenst aus Grabestiefe. Zur Besinnung gelangt, gibt er die Liebenden zusammen unter der Bedingung, daß sie sein Land verlassen.

In dem Stück wollte Calderon wohl der eigenen "Dame Kobold" nacheifern; das mißlang gründlich. Und sicherlich hat er gut daran getan, die Handlung ins ferne Sachsen zu verlegen. Denn einen spanischen Herzog mit derart negativem Image auf die Madrider Bühne zu bringen, das mußte er wohl doch als zu riskant befürchten. So mußte denn ein Wettiner als herzöglicher Schürzenjäger herhalten.

27. Eine Strafe mit drei Sühnungen.

Un castigo en tres venganzas. - Um 1650. - Burgundo. --

Entsetzt entnimmt in seinem Palast der Herzog von Burgund einem ihm übermittelten Schreiben des Herzogs von Sachsen, dass einer seiner engsten Mitarbeiter Geheimnisverrat begangen hat. Deshalb wirft er den Enrique ins Gefängis, schickt den Federico ins Exil, stellt den Manfred unter Hausarrest und vertraut nur noch seinem seit eh und je bevorzugten Clotaldo.

Manfreds Tochter Flor verabschiedet ihren Geliebten Federico. Sie muß mit ansehen, wie der plötzlich maskiert auftauchende Clotaldo den Enrique mit dem Degen ersticht und flüchtet.

Anläßlich einer Jagdruhepause willl Clotaldo seinen Herzog im Schlaf ermorden, was der dazwischen stürzende Federico verhindern kann. Als dieser gegangen, beschuldigt ihn Clotaldo gegenüber dem aufwachenden Herzog des Attentatsversuches. Manfred will nun endlich Enriques Leiche aus seinem Haus transportieren lassen. Dabei hilft ihm der als Lastträger verkleidete Federico. Gerade den jedoch läßt der die Transportaktion beobachtende Herzog verhaften.

Doch langsam dämmert dem Herzog das gerade gegenüber ihm begangene Unrechtshandeln, als Clotaldo auch noch auf dessen Hinrichtung drängt. So entschließt sich der Herzog, Federico in dessen Gefängnis selbst zu befragen. Um dies zu verhindern, überfällt Clotaldo Beide, wird jedoch von dem mißtrauisch-wachsamen Herzog seinerseits erstochen.

Nachdem der Sterbende alle seine Verbrechen gestanden, gibt der Herzog den geschundenen Federico mit seiner geliebten Flor zusammen.

28. Aus einer Ursache zwei Wirkungen.

De una causa dos efetos. - Mantua und Mailand. --

Um eine alte zwischenstaatliche Feindschaft zu beenden, soll einer der beiden Zwillingssöhne als Herzog von Mantua Diana, die einzige Tochter des Mailänder Herzogs, heiraten. Der gebildete Carlos und der leicht flegelhafte Fadrique reisen nun nach Mailand. Während sich Carlos vor Diana vorteilhaft ins Bild setzen kann, verprellt Fadrique sie infolge seines dümmlichen Auftretens.

Angesichts solcher Blamage beschließt Fadrique, ein von Grund auf anderer, ein konzilianter, liebenswerter Mensch zu werden. Auch bei Auseinandersetzungen mit dem Bruder zeigt er sich voller Reue, demütig, hingebungsvoll und hilfsbereit. Carlos bestreitet solche Läuterungsabsicht und stellt seinen Bruder als unverschämten Roßtäuscher hin.

Mit Verwunderung stellt der Herzog von Mantua bei seinen beiden Söhnen einen doppelten Sinnes- und Charakterwandel fest. Gleichwohl entscheidet sich Diana für den ihr auch jetzt noch mehr zusagenden Carlos. Fadrique gratuliert ihm dazu von Herzen.

Der erwähnte Charakterwandel bei beiden Brüdern im II.Akt ist von Calderon rein rational konstruiert und vermag schon deshalb nicht zu überzeugen. Vielleicht sollte er etwas spektakulär Neues in der Bühnenlandschaft darstellen. Das haben bereits die zeitgenössischen Theaterbesucher nicht honoriert.

29. Die Herrin und die Magd.

La senora y la criada. - Mantua und Parma. --

Crotaldo, Herzogssohn zu Parma, liebt Diana, die Tochter des Herzogs von Mantua. Ihm, der seine Cousine Flor heiraten soll, meldet der Vater Dianas demnächst anstehende Hochzeit mit Herzog Fisberto von Mailand. Doch Diana weist die Werbungen des ihr unsympathischen Fisberto zurück und sinkt dem sogleich angereisten Crotaldo glücklich in die Arme.

Heimlich flieht Diana Richtung Parma nach Kleidertausch mit ihrer Dienerin Gileta. Letztere muß nun in einer repräsentativen Fluchtkutsche die Herzogstochter spielen und erweckt - auch bei der eifersüchtigen Flor - allgemein kopfschüttelndes Erstaunen. Unterdessen amüsieren sich Crotaldo und seine Diana über die Verwunderung bei Hof und in der Residenz Parma.

Der alte Herzog von Parma ist inzwischen aufgeklärt entsetzt über den Coup der Liebenden und setzt deshalb seinen Sohn sogar vorüber fest. Denn er befürchtet politische Verwicklungen mit Mantua und dem noch mächtigeren Herzogtum Mailand. Und schon zieht dessen Herzog Fisberto in Parma ein, um die dort Herrschenden zur Verantwortung zu ziehen. Diana gesteht, ihm zwar versprochen zu sein; doch nun habe sie sich unwiderruflich in Clotaldo verliebt. Der charaktervolle Fisberto, ein Mann von Geist und Herz, überschaut die eingetretene Lage, verzichtet auf Diana, gibt die Liebenden zusammen und heiratet stattdessen die ebenfalls sehr aparte Flor.

Primat der Politik contra Rechte des Herzens. Typischer Konfliktsfall zwischen regierenden Häusern. Die unterhaltsame Komödie hat Calderon so souverän wie reizvoll und auch spannend durchgestaltet.

30. Niemand verrate sein Geheimnis!

Nadie fie su secreto. - Parma. --

Cesar, Geheimschreiber des Fürsten Alexander Farnese, hat nach zweijährigem heißen Werben endlich das Herz der Anna de Castelvi gewonnen und wird von ihr für die nächste Nacht eingeladen. Der Vertrauensselige teilt dies dem Favoriten des Fürsten, Arias, mit, der darüber sogleich seinen Fürsten informiert. Der ist schon lange von lodernder Leidenschaft für die schöne Anna erfaßt.

Der Fürst seinerseits informiert Felix, den Bruder der Anna, von dem bevorstehenden Besuch und ersucht ihn, den Cesar nicht aus den Augen zu lassen. Das wiederum bringt Cesars pfiffiger Diener Lazaro in Erfahrung und vermeldet es Anna.

Deren Zusammensein mit ihrem Cesar durchkreuzt Fürst Farnese dadurch, daß er für die gleiche Nacht ein höfisches Tanzfest ansetzt, zu dem auch die Geschwister Felix und Anna zu erscneinen haben. Jetzt will Cesar in aller Öffentlichkeit um Annas Hand anhalten. Als der Fürst mitteilt, er wolle Anna anderweit verheiraten, beschließen die Liebenden, Parma auf dem Fluchtweg zu verlassen.

Danach lenkt Farnese schweren Herzens ein und gibt Cesar und Anna zusammen.

Fade Handlung! Informationen ersetzen Geschehnisse. Die vorgeführten Figuren erweisen sich als matte Typen. Für die Zuschauer ohne Interesse. Bei mehr als einem Dutzend Kulissenwechsel versandet selbst Routine im Leerlauf. Kein Ruhmesblatt für Calderon!

31. Der Aufseher über sich selbst.

El alcalde de si mismo. - Vor 1653. - Neapel. --

Trotz beginnender Kriegswirren zwischen den Königreichen Sizilien und Neapel nimmt der sizilianische Kronprinz Federico an einem Turnier in Neapel teil, in welchem er unbeabsichtigt den Bräutigam der Prinzessin Margarita, Bruder deren Cousine Prinzessin Helene, tötet. Ungeachtet seiner sofortigen Flucht wird im Land nach ihm gefahndet. Vorsichtshalber verkleidet er sich an einem abgelegenen Ort als Händler. Seine abgelegte Rüstung findet der plumpe Bauer Benito, legt sie sich an, wird kurz darauf von Wachsoldaten gestellt und auf Königlichen Befehl als Kronprinz Federico in die Festung Belflor eingeliefert.

Prinzessin Helena hat ein Auge auf den in ihrer Nähe auftauchenden Kaufmann Federico geworfen, begünsigt ihn und macht ihn schließlich sogar zum Kommandanten der auf ihrem Besitz liegenden Festung. Trotz dem Tod ihres Bräutigams liebt Prinzessin Margarita auch ihrerseits den Kronprinzen Federico und will ihn als Festungshäftling sprechen. Den entdeckt sie nun freilich als Festungsaufseher "über sich selbst", und zum großen eifersüchtigen Verdruß Helenas entwickelt sich ein leidenschaftliches Liebesverhältnis zwischen ihrer Cousine Prinzessin Margarita und einem hergelaufenen "Händler". Festungsbedienstete, Hofbeamte, schließlich bei einem Besuch auf Belflor der König selbst verwundern sich höchlichst über den geistigen Tiefstand und die rüpelhaften Manieren des Benito, den sie trotz aller gegenläufigen Beteuerungen unverändert für den Kronprinzen von Sizilien halten.

Obendrein rückt nun auch noch ein sizilianisches Heer an, um seinen Kronprinzen aus der Gefangenschaft auf Festung Belflor zu befreien. Doch dessen Befehlshaber, ein Prinz und Bruder Federicos, schließt mit Neapels König Frieden. Zu aller Erstaunen und unter schließlich befreiendem Gelächter wird Bauer Benito aus seiner aristokratischen Rolle entlassen. Die Vermählung zwischen Federico und Margarita - zum Ärger Helenas - besiegelt den wiederhergestellten Frieden zwischen Sizilien und Neapel.

Ein köstliches Lustspiel, das Calderon auf der inspirierten Höhe seiner früheren Schöpfungen in jener Gattung zeigt! Bei entsprechender Begabung kann der Darsteller des eitlen und dann verschaukelten Bauern Benito seinen Part zu einer Paraderolle ausbauen.

32. Freund, Liebender und Untertan.

Amigo, amante y leal. - Erstdruck 1653. - Parma. --

Der im Dienste des Herzogs von Parma stehende Felix gewinnt bei seiner Geliebten Aurora die schmerzliche Erkenntnis, daß derselben nicht nur sein Freund Arias, sondern auch der Fürst selbst nachstellt. Als es nachts bei Aurora an die Tür schlägt, muß er sich verstecken. Arias erscheint, danach der Fürst, der den Störer gleich zu seiner Exgeliebten Estela abschiebt. Doch auch der Herzog muß Auroras Haus schnell verlassen, weil ein degenzükkender Vermummter (Felix) an ihm vorbei zur Tür hinausstürzt. Diesen, den er nicht zu identifizieren vermochte, setzt er später zur Überwachung von Auroras Haus ein.

Anläßlich eines Besuches bei Estela klagt ihr Aurora, Felix besuche sie nicht mehr, schleiche vielmehr nur um ihr Haus herum, und sie wisse kaum noch, wie sie dem sie zunehmend bedrängenden Herzog ausweichen könne. Estela beklagt ihrerseits des Fürsten Untreue. So nehmen vorsichtshalber beide Frauen einen Kleidertausch vor. - Jetzt erteilt der Herzog Felix den Befehl, Aurora gewaltsam zu entführen. Doch die hat sich bereits in Felixens Landhaus geflüchtet, wo sie in einem Versteck schmerzvoll anhören muß, wie Felix die verschleierte, ohnmächtige Estela hereinträgt und deren Schicksal beklagt. Felix glaubt, die Verschleierte sei Aurora. Und als diese aus ihrem Versteck hervortritt, glaubt er, Aurora doppelt zu sehen. Schnell erwacht Estela, und als auch noch der lüsterne Herzog auftritt, schreiten Estela und Aurora Arm in Arm an ihm vorbei und lassen den völlig Düpierten in Felixens Haus zurück.

Erneut befiehlt der Herzog seinem Bediensteten Felix, Aurora zu entführen. Daraufhin beschließen die Liebenden ihre sofortige gemeinsame Flucht aus Parma. Doch letztendlich, nachdem ihm Estela jenes ernsthafte Liebesverhältnis entdeckt, überwindet sich der Herzog und verzichtet auf Aurora. Und erst jetzt dürfen Felix und Aurora ein glückliches Paar werden.

Nicht zum ersten Mal läßt ein sexaufgeladener Hochherrschaftlicher am Ende von einer Niederadligen oder Bürgerlichen ab. Sollten derartige sittliche "Läuterungen" ein stillschweigender Kotau Calderons vor den eigenen spanischen Granden sein? Um sich im Blick auf die eigene künstlerische Laufbahn deren leidliches Wohlwollen und mittelbar dadurch das des Hofes zu erhalten?

33. Um Liebe zu besiegen, muß man sie besiegen wollen.

Fara vencer á amor, querer vencerla. - Erstdruck 1654. Ferrara. --

Prinz Cesar Colonna hat sich unsterblich in seine Cousine, die Prinzessin Margarita, verliebt, hat auch die Zustimmung deren Vaters zur Heirat mit ihr erhalten, wird aber von ihr unentwegt zurückgewiesen. Als sie ihm ins Gesicht sagt, sie könne mangels Sympathie ihn niemals lieben, verdingt er sich bei den kaiserlichen Streitkräften, um in deren nächster Schlacht den Tod zu suchen. Er wird aber nur verletzt, vollbringt einige Heldentaten und rettet der Baronin Mathilde von Montblanc das Leben.

Unter dem Namen Celio steigt er zu einem der Berater des Kaisers auf. Als solcher vermag er den Kaiser dazu zu bewegen, Margarita zur Herzogin voll Ferrara zu erheben. Anläßlich der entsprechenden Feierlichkeit im Herzogspalast von Ferrara huldigt nun auch der Kaiser Margaritas Schönheit.

Doch Cesars erneute Werbung weist sie brüsk zurück mit der Empfehlung "Man könne die Liebe besiegen, wenn man dies nur wolle."

Obwohl der Kaiser Cesar zum neuen Herzog von Ferrara erhebt, kommt es zwischen Herzog und Herzogin zu keiner Annäherung. Als von Mathilde von Montblanc die Rede ist, quittiert das Margarita mit Herabwürdigungen und Schmähungen. Als schließlich deren Vater degenfuchtelnd Cesar zur Hochzeit mit seiner Tochter zwingen will, unterbindet der einsichtsvolle Kaiser das Duell mit einem Machtwort.

Es ehrt Calderon, daß er diesmal vom bewährten Strickmuster abgewichen ist und die übliche Zweisamkeitskrönung vermieden hat. Das dürfte einem Teil des auf ein - selbst forciertes - Happy-End wartendes Publikums gewiß nicht behagt haben.

34. Weine, Weib! Und du wirst siegen.

Muger, llora, y vencerás! - 1660. - Thüringen. --

Die Prinzen Enrique und Federico führen Krieg gegen ihre Cousine, die Fürstin Ines von Thüringen. Enrique wird von ihren Streitkräften gefangen genommen. Bruder Federico will ihn befreien. Als Gesandter verkleidet bietet er Ines Ländereien gegen Freiheit ihres Gefangenen.

Da das Volk Ines verheiratet sehen möchte, eröffnet sie den Brüdern, sie werde sich mit dem von ihnen vermählen, der sie liebe. Die Brüder streiten sich erst um sie, kommen dann aber überein, Ines die Wahl zu überlassen.

Als sie während eines Tanzfestes stolpert und dabei dem Enrique in die Arme fällt, erklärt sie ihn zu ihrem künftigen Ehemann.

Während Ines und Enrique ihr gemeinsames Glück geniessen, sammelt der ausgegrenzte Federico seine früheren Heerscharen. Er überfällt die Thüringer und nimmt nun seinerseits Bruder Enrique gefangen.

Daraufhin bietet Ines ihm gegen dessen Freilassung ihr gesamtes Land und Eigentum. Als der Sieger das Angebot ablehnt, bricht Ines in einen Strom von Tränen aus... Die in tiefster Verzweiflung weinende Frau rührt den Federico dann doch so an, daß er ihr Mann und Land beläßt und sich zurückzieht.

Dreieckskomplikationen, die Niemanden aufregen. Die Handlung plätschert so eben dahin, und nur der Liebesdialog Ines-Enrique zu Beginn des III.Aktes läßt noch einige poetische Schönheiten aufleuchten.

35. Glück und Unglück des Namens.

Dicha y desdicha del nomore. - 1662. Wieder einmal Parma. Später Mailand.

Violante will den schon lange sich um sie bemühenden Cesar Farnese in der nächsten Nacht erhören, als dieser von Parmas Herzog mit einem plötzlichen Eilauftrag nach Mailand geschickt wird. Um ihm traute Stunden mit Violante dennoch zu ermöglichen, übernimmt es sein Freund Felix Colonna, an seiner Stelle und unter seinem Namen den herzoglichen Auftrag auszuführen.

Kurz nach seinem Eintreffen in Mailand befreit Felix die von dem maskierten Lisardo entführte Gouverneurstochter Serafina und stellt sich danach deren Vater als Cesar Farnese vor.

Um seinen herzoglichen Herrn in Parma nicht zu verprellen, reist vorsichtshalber Cesar nun doch ebenfalls nach Mailand und wird daselbst dem Gouverneur Lidoro notgedrungenermaßen als Felix Colonna vorgestellt. Der hat jedoch fatalerweise soeben erfahren, daß ein Felix Colonna eine Violante aus Parma nach Mailand entführt habe. In Wirklichkeit ist die ohne jede Zwangseinwirkung nach Mailand gereist und meldet sich wohlbehalten eben bei Lidoro, der sie bei seiner Tochter Serafina unterbringt.

Während Violante vor Serafina von dem richtigen Cesar schwärmt, betreibt Gouverneur Lidoro eine Verbindung seiner Tochter mit dem falschen Cesar. Anläßlich einer Duellforderung des Lisardo streiten sich beide Freunde darüber, wer von ihnen sich als Cesar dem Herausforderer stellen soll. Der Namenstausch treibt noch tollere Verwechslungsblüten. Vor allem in jener Szene, in welcher der aus Parma angereiste Vater Aurelio den Felix als den Entführer seiner Tochter Violante, sein Neffe Lisardo hingegen den Anderen, den er nur unter dem Namen Cesar kennt, als Totschläger seines Bruders anklagt. Der Gouverneur, zuletzt der Herzog selbst, verhindern das drohende Duell. Die notwendige personelle Aufklärung erfolgt. Mit Zustimmung ihrer Väter vermählen sich Cesar und Violante sowie Felix und Serafina.

Das drollige Stück sollte besser betitelt werden: "Ein folgenreicher Namenstausch."

36. Schweigen genügt.

Basta callar. - Die Handlung führt diesmal ins französische Pyrenäengebiet. --

Cesar, im Dienste des Herzogs von Bearn, überrascht seine geliebte Serafina mit dem Grafen von Montpellier, dessen Diener ihn zusammenschlagen. Die Genesung des Schwerverwundeten hat Herzogin Margarita, Schwester des Herzogs, eingeleitet und sich in ihn ihrerseits verliebt, obschon mit jenem Graf von Montpellier verlobt. Sie möchte einen Brief ihres Verlobten beantworten und bittet Cesar, für sie den Text des Antwortbriefes zu entwerfen. Dessen Entwurf stellt sie freilich keineswegs zufrieden. Und bald bemerkt sie, daß Cesar nur Augen für ihre soeben angereiste Freundin Serafina hat.

Unabhängig voneinander laden beide Damen den Cesar zu einem nächtlichen Gespräch auf der Terrasse des Schloßgartens ein. Dessen Besuch unterbindet jedoch der Herzog höchsteigen, den Serafinas Schönheit verzaubert hat. Stattdessen raspelt Cesars Diener Capricho vor den Fenstern der Damen zu deren Verärgerung plumpes Süßholz, wird aber dabei vom Grafen von Montpellier zur Rede gestellt. In unglaublicher Dreistigkeit fordert der Diener den Grafen zum Duell bei Tagesbeginn. Stattdessen duellieren sich der Graf und Cesar vor der Herberge der Serafina, wohin sie ihren Cesar brieflich eingeladen hatte. Es kommt noch schlimmer: den Cesar läßt der Herzog durch Serafinas Vater ins Gefängnis werfen.

Dort besucht ihn Serafina und versichert ihn ihrer unwandelbaren Treue. Danach läßt ihn der Herzog sich vorführen und setzt ihn in Freiheit. Doch anläßlich seines nächsten Besuches bei Serafina hat deren Vater sie bei Herzogin Margarita untergebracht.

Schließlich sehen die hohen Herrschaften das Sinnlose ihrer Intrigen gegen den edlen Cesar ein. Der Herzog selbst vermählt ihn mit seiner Serafina. Während Margarita sich mit ihrem Verlobten, dem Grafen von Montpellier, eher gleichgültig verheiraten läßt. Fast resignierend folgert sie: wenn schon die gewünschte Partnerwahl nicht in der Macht einer Frau steht, "so genügt Schweigen".

Aufs Ganze gesehen atmen die späteren "Heroischen" Komödien nicht mehr so überzeugend die Frische der Erfindung, die glänzende Verarbeitung sprudelnder Einfälle, aber auch nicht mehr jene Unbefangenheit anläßlich der Stoffwahl wie bei den zumeist vorangegangenen "bürgerlichen" Komödien, die sich von Eingriffen hoher Herrschaften noch frei wissen durften.

III. Schauspiele und Tragödien

Als sich Theaternovize Calderon in den Repertoires der damaligen Coraltheater umsah, stieß er nicht nur auf Komödienstoffe, sondern auch auf Sujets ernsten Inhalts. Wieder war es der ihn freundlich fördernde Lope de Vega gewesen, der den Spielplan in den zurückliegenden Jahrzehnten schöpferisch auch insoweit entscheidend bereichert hatte.

Verhältnismäßig spät hatte Lope ein fast autobiographisches "Melodram" veröffentlicht: "Dorothea", deren Mann aus den lateinamerikanischen Kolonieen nicht mehr zurückgekehrt ist, und die jetzt ein leidenschaftliches Verhältnis mit dem Studenten Fernando unterhält. Der irrt verzweifelt im Lande umher, als auf psychischen Druck ihrer Mutter hin Dorothea den weit älteren, aber reichen Don Bela heiratet. Viel später treffen sich die Liebenden im Madrider Prado wieder. Als Fernando dort einer tief Verschleierten von seinem schicksalshaften Schmerz berichtet, gibt sich ihm Dorothea zu erkennen. Qualvoll nehmen sie endgültigen Abschied voneinander. Der junge Mann läßt sich - wie Lope einst selbst - auf der Armada anheuern. - Dreimal wird eine Tragödie durch das Eingreifen des spanischen Königs vereitelt. - In "Peribañez und der Komtur von Ocaña" (1614) muß sich die soeben verheiratete Bäuerin Casilda den Nachstellungen des in sie leidenschaftlich verliebten Komturs immer wieder entziehen. Deshalb wird ihr Ehemann Peribañez hellhörig, als ihn an der Spitze eines Bauernhaufens der Komtur zur königlichen Heeresstreitmacht entsendet. Er täuscht seinen Abmarsch aus dem Dorf vor, kehrt heimlich nachts zurück und rettet seine Frau vor einer Vergewaltigung, indem er den Komtur tötet. Der kastilische König legitimiert die Tat des Bauern. - In "Fuente Ovejuna" (um 1615) belästigt der Komtur Gómez de Guzmán fortgesetzt die junge Laurencia und überfällt sie eines Tages im Walde; im letzten Moment befreit sie ihr Verlobter Frondoso. Die ihn ebenfalls abweisende Jacinta wirft er seinen Soldaten vor und läßt den Bauern Mengo, der sie verteidigen will, auspeitschen. Das Hochzeitspaar Laurencia-Frondoso überfällt er während der Feier und verschleppt die Braut in seinen Palast; ihren Vater, den Alcalden, verprügelt er, den Bräutigam Frondoso schickt er in die Folterungszelle. Da erheben sich die Dorfbewohner, stürmen seinen Palast und schlagen den Komtur tot. Mittelbar billigt der König die Tat, indem er eine Anordnung von Strafaktionen gegen die Dörfler verbietet. - So nimmt denn auch Lopes Schauspieltitel "Der beste Richter, der König" nicht wunder: der Viehkirte Sancho und das Bauernmädchen Elvira heiraten. Nachts läßt der als Trauzeuge fungierende Junker Don Tello die Braut entführen. Voller Verzweiflung und Empörung bitten Bräutigam und Brautvater den König um Hilfe. Als dessen schriftliches Ultimatum an den Junker nichts bewirkt, erscheint der König höchsteigen im Dorf. Er verurteilt Don Tello zum Tode, zwingt ihn, um Elviras Ehre zurückzugewinnen, zu einer rechtswirksamen Eheschließung mit derselben und läßt ihm anschließend den Kopf abschlagen. Dessen Erbe fällt zur Hälfte an die Braut. - Gleichwohl hat es Lope einmal gewagt, einen König unter Anklage zu stellen. Der belästigt im "Stern von Sevilla" die schöne Estrella, die, im Hause ihres Bruders Bustos lebend, mit dessen Freund Sancho verlobt ist. Als der König gewaltsam zu ihr vordringt, verstellt ihm Bustos mit gezogenem Degen den Weg zu seiner Schwester. Das kommt einer Majestätsbeleidigung gleich. Bustos wird deshalb getötet; der Verlobte Sancho muß die Tat auf königlichen Befehl hin ausführen. Als nun daraufhin über Sancho das Todesurteil verhängt wird, gesteht der König seine Mordanstiftung ein. Doch Bustos´ Tod hat die Liebenden so erschüttert, daß Sancho als Soldat den Tod finden, Estrella ins Kloster gehen will. - In "Strafe ohne Rache" (1631) wird die aus Schillers "Don Carlos" bekannte Problematik wach: Federico, Sohn des alten Herzogs von Ferrara, soll seine junge Stiefmutter Cassandra in Mantua abholen und nach Ferrara eskortieren, wo sie der Vater aus politischen Rücksichten heiraten will. Erst nach Monaten kommt der Alte hinter das leidenschaftliche Liebesverhältnis der jungen Leute. Er läßt seine Frau gewaltsam in Tücher pressen und diesen Ballen von seinem Sohn mit dem Schwert durchbohren, ihm einredend, darinnen befinde sich ein Verbrecher, und läßt gleich anschließend seinen Sohn als Mörder hinrichten. –

Aber auch Tirso von Molinas wohl populärstes Drama vom Don Juan "Der Verführer von Sevilla und sein Steinerner Gast" (um 1624) endet in Angst und Schrecken: der übermütige Schürzenjäger Don Juan wird beim nächtlichen Überfall auf Donna Anna von deren Vater gestellt und ersticht den Komtur mit seinem Degen. Später trifft er nachts inmitten von Sevillas Friedhof auf dessen Grabstatue und lädt sie zum Nachtmahl ein. Der Komtur erscheint tatsächlich und reißt den spöttischen Frauenverführer mit sich in die ewige Tiefe. - Auch über Moliere gelangte der Stoff in die Hand des Librettisten Lorenzo da Ponte, dessen Text dann Mozart mit seiner genialen Musik in die Unsterblichkeit erhob. –

Jedenfalls wußte Calderon zu Beginn seiner Laufbahn, daß auch auf dem tragödialen Sektor höchst beachtliche Schöpfungen existierten, und daß er nur durch besondere Originaliät den entsprechenden Spielplan würde bereichern können.

Entschiedener noch als Lope und Tirso nahm er den spanischen Ehrenkodex ins Visier. Der erfaßte nun freilich nicht nur das heiratsfähige Mädchen, das ohne Ehrverlust sein Lebensziel, die rechtsgültige Trauung mit seinem Partner, erreichen mußte, sondern mehr noch den Ehrenbereich der inzwischen verheirateten Frau. Waren vor der Eheschliessung außer den eifersüchtigen Rivalen degenzückende Väter und Brüder an der Tagesordnung, so trat jetzt verstärkt der in seiner Ehre verletzte Ehemann auf den Plan. Denn die Frau war mittlererweile sein Eigentum geworden, sie, die zuvor als Mädchen im Eigentum von Vater und Brüdern gestanden hatte. Ehre von Eigentümer und Eigentum waren nun identisch geworden, die Verletzung der Ehre der Frau meist durch einen Dritten war dadurch avanciert zu einer solchen des Ehemannes. Die von ihm überwachte Frau war total ans Haus gebunden, ohne ihn gesellschaftlich isoliert und außerstande, dessen ständige Bevormundung abzuschütteln.

Calderons Dramen, die kaum den Ehebruch als solchen zur Darstellung bringen, spiegeln noch klarer als die Lopes und Tirsos die damalige spanische gesellschaftliche Wirklichkeit vor allem darin überzeugend wider, daß ein Fehlverhalten der Ehefrau erst dann an Bedeutung gewinnt, wenn es seitens ihrer Mitmenschen als solches gewertet wird. Nicht der objektive Tatbestand entscheidet, sondern die subjektive Meinung Anderer. Erst wenn sich der Fehltritt einer Frau nicht mehr verheimlichen läßt, tritt der ehrenrächende Ehemann in Aktion. Der sich damit von den Ansichten seiner Umgebung völlig abhängig macht. Im Siglo de Oro warf sich eben zum entscheidenden Kriterium auf: "Die Leute könnten mich bereden."

Solch abstruser Umgang mit der weiblichen "Honra" führte dann freilich oft nur zu schnell ins kriminelle Fahrwasser. Hatte die Ehefrau keinen Ehebruch begangen, wurde derselbe ihr jedoch seitens ihrer lieben Mitmenschen angedichtet, mußte der Ehemann seines Rächeramtes walten, ansonsten er seine eigene Ehre verlieren würde. Übelster Verleumdung, Rufschädigung, Rufmord waren damit Tür und Tor geöffnet. Ehemann und Mitmenschen waren dann nicht - entsprechend dem in jedem Rechtsstaat gültigen Akkusationsprinzip - verpflichtet, der Frau den Ehebruch nachzuweisen, vielmehr hatte diese nach dem Inquisitionsprinzip ihrerseits die Last, jenen imaginären Vorwurf durch eigene Beweisführung zu erschüttern. Von glücklichen Ausnahmefällen abgesehen gelang ihr das nicht, konnte es auch gar nicht gelingen.

Endergebnis: der rächende Ehemann erdolcht eine total Unschuldige. Und die Gesellschaft billigt dies, verzichtet von vornherein auf unabhängige gerichtliche Rechtsfindung und erweist sich als ebenso degeneriert wie im übrigen Europa jene spätmittelalterliche Gesellschaft angesichts der entsetzlichen Hexenprozesse.

Selbstverständlich galt der gefürchtete Ehrenkodex nicht nur im Eheverbund, sondern auch in anderen gesellschaftlichen Konstellationen. Ihm war in besonderem Maße der in Liebeshändel verstrickte Adel verpflichtet. Der König stand außerhalb der Wirkungsmacht des Codex. Wenn er einen Bürger beleidigte, mußte der auf Rehabilitation verzichten. Ein König ist der von Gott selbst eingesetzte absolute Gewalthaber, sichtbarer Ausdruck einer göttlichen Weltordnung. Ein Volksaufstand gegen ihn mit Tyrannenmord stand außerhalb jedes Vorstellungsvermögens.

Und so sah das auch Calderon, der sich allerdings in steter Abhängigkeit von der Gnade seines Königs wähnen mußte.

Der Dichter hat wohl auch nicht ernsthaft die Berechtigung jenes Ehrenkodex in Zweifel ziehen wollen, nicht einmal in seiner diesbezüglich empörendsten Tragödie. Und die zum großen Teil unkritischen Zuschauer im Corraltheater? In ihrer Sensationslust empfanden sie das blutige Ende einer unschuldigen Ehefrau mit seinem Horrorkitzel vielleicht auch noch hinreichend unterhaltsam. Das selbstständige Denken war ihnen in jener von Staat und Kirche fugenlos durchorganisierten spanischen Gesellschaft schon seit Generationen abgewöhnt worden.

Einen Beweis dafür, daß der geschlechtsspezifische spanische Ehrenkodex mutatis mutandis schon immer die Menschheit regiert habe, wollte Calderon vielleicht mit der Tragödie "Eifersucht, das größte Scheusal" zur Zeit des Königs Herodes liefern. Jedenfalls wich er bei der Stoffsuche weit mehr als bei seinen MD-Komödien in vergangene Zeiten aus.

Anläßlich des Bekanntwerdens Calderons im deutschen Kulturraum Anfang des 19. Jahrhunderts sind jenen spezfischen Ehrendramen sowohl der Übersetzer August Wilhelm Schlegel als auch der Hoftheaterdirektor Goethe instinktiv ausgewichen.

Die ersten der nachfolgend aufgezeigten Schauspiele Calderons zeigen partiell stoffliche Verwandschaft mit den Comedias Heroikas und spielen in Spanien. Bei der "Belagerung von Breda" und dem "Englischen Schisma" wird die Handlung zwar ins Ausland verlegt, doch betrifft sie dann immer noch indirekt Spaniens Position. Anläßlich der letzten fünf Stücke wandern die Aktionen in den Orient oder noch weiter östlich in unbekannte Länder.

37. Wohl und Wehe.

Saber del mal y del bien. - Erstdruck 1635. - Kastilien. --

Die intriganten Höflinge Iñigo und Ordoño am kastilischen Hof wollen den Ersten Minister Seiner Majestät, den Grafen Pedro Lara, mittels diesen belastender Falschinformationen stürzen. König Alfonso läßt sich zwar von den Intriganten nicht täuschen, entläßt aber gleichwohl Lara aus dem Amt, weil er dessen Popularität beim Volke fürchtet. Gleichzeitig stellt er jedoch Laras Schwester Hipolita nach.

Laras Amtsnachfolger, der aus Portugal geflüchtete Alvaro hat nicht nur Laras Freundschaft, sondern dazu die Liebe dessen Schwester gewonnen. Gleichwohl läßt der König gerade über Alvaro um Hipolitas Gunst werben. Das erfährt Lara und fordert deshalb Alvaro zum Duell. Dieses lehnt Alvaro mit der Begründung ab, die Werbung erfolge auf höheren, nämlich königlichen Befehl.

Nach innerem Läuterungsprozeß verzichtet der König auf Hipolita, gibt sie mit Alvaro zusammen und versöhnt denselben mit Lara. Beide macht er nun zu seinen engsten Mitarbeitern, während die Intriganten Iñigo und Ordoño vom Hof verbannt werden.

Der Aktionswert gibt sich zwar nur durchschnittlich. Die edelmütige Gesinnung Laras nach seinem Sturz jedoch, der frei von persönlichen Rachegefühlen seinem König eine glückliche Hand bei seinen Regierungsgeschäften wünscht, bleibt ihrer Rarität wegen lange im Gedächtnis haften.

38. Neigung und Abneigung.

Gustos y disgustos son no mas que imaginacion. - Erstdruck 1657. - Aragonien. --

Der seine Gemahlin brüsk vernachlässigende König stellt der jungen Violante, Tochter des Grafen von Montfort, nach, die mit Vicente von Fox verlobt ist. Über eine Strickleiter steigt er in Violantes Zimmer ein, entweicht jedoch, als die Degen ziehenden Vicente und Violantes Vater hinzukommen.

Auf des Vaters Ersuchen hin genehmigt der König zwar die Eheschließung Vicente - Violante, läßt jedoch umgehend den Vicente als Soldaten zum Heer einziehen. Daraufhin begibt sich Violante unter den Schutz der Königin in deren Landhaus. Deren neuen Aufenthalt haben aber sowohl der König als auch der heimlich zurückgekehrte Vicente erfahren. So kommt es, daß sich Beide einige Nächte hindurch in Liebeserklärungen an eine Frauenerscheinung oben an einem der Landhausfenster wechselseitig überbieten. Beide glauben, es sei Violante. In Wirklichkeit ist es die Königin.

In unglaublicher Verblendung wähnt Vicente, der König habe das Herz seiner Frau erobert. Er weist Violantes Versicherung zurück, den König überhaupt nicht gesprochen zu haben. Im Dunkel der nächsten Nacht will er sie deshalb im Landhausgarten erdolchen. Beinah hätte er dabei die Königin getötet. Fackeln und Lampen werden gebracht. Die Situation klärt sich auf. Der König muß die Königin, Vicente seine Violante um Verzeihung bitten.

Eine unglaubwürdige Angelegenheit. Nächtelange Balzereien! Und die auch noch gegenüber der falschen Adressatin!

39. Der letzte öffentliche Zweikampf in Spanien.

El postrer duele de Espana. - 1665. - Saragossa. --

Serafina soll ihren Cousin Torellas heiraten. Doch der liebt Violante. Die jedoch wird auch von seinem Freund Ansa begehrt. Es kommt, wie es kommen muß: Ansa und Torellas duellieren sich im Walde; letzterem entsinkt einer sturzbedingten Handschwäche zufolge der Degen; großzügig läßt Ansa den Wehrlosen am Leben.

Dennoch kommt es zur Wiederholung des Duells. Torellas fordert nach spanischem Recht einen öffentlichen Zweikampf auf dem Schloßplatz von Valladolid: ein sogenanntes Gottesgericht in Gegenwart des spanischen Königs Karl I., der soeben zum deutschen Kaiser Karl V. gewählt wurde.

Kurz nach Duellbeginn wirft der König/Kaiser seinen Goldenen Stab zwischen Ansa und Torellas. Er werde in Zukunft überhaupt kein öffentliches Duell mehr zulassen und obendrein den Papst bitten, ein solches ein für allemal zu verbieten.

Violante und Torellas, Serafina und Ansa vermählen sich.

Ein sinnentleerter dramatischer Versuch. Selbst für eine epische Behandlung hätte solcher Vorgang kaum getaugt. Aufnahme in eine Sittenchronik genügt vollauf.

40. Danken und nicht lieben.

Agradecer y no amar. - 1653. - Irgendwo in Spanien. --

Der Lisida, einer Hofdame der Fürstin Flerida, wegen hatte sich Laurencio mit Lisardo duelliert und einen zufällig zu den Duellanten tretenden Prinzen versehentlich mit seinem Degen erstochen.

Soeben hat er versteckt die Fürstin beim Baden beobachtet. Ein kostbares Band, das sie dabei verlor, hat er aufgehoben und will es ihr zurückbringen.

Mitleidig nimmt Fürstin Flerida, die ihren Bräutigam, einen Fürsten, erwartet, die Huldigungen des in sie leidenschaftlich verrannten Laurencio entgegen, der am liebsten von ihrer Hand sterben möchte. Deshalb Eifersuchtsaufwallungen bei dessen früherer Freundin Lisida.

Seltsame Begegnung zwischen den künftigen hochherrschaftlichen Ehepartnern: der von Lisardo begleitete Fürst verkleidet als ein mit Edelsteinen handelnder Kaufmann; Flerida und ihre Hofdame Lisida im Rollentausch. Doch Laurencio wird vom Fürsten als der Mörder seines Bruders wiedererkannt; das von ihm geforderte Duell verhindert Flerida.

Als die Fürstin jedoch von Laurencios früherer Liaison mit Lisida erfährt; verweist sie ihn ihres Hofes. Diesen vermag er jedoch nicht zu verlassen, weil ihn draußen der Fürst und seine Diener sofort füsilieren wollen. Dreimal wirft sich Laurencio gnadeheischend der Fürstin zu Füßen. Da fällt tatsächlich ein Schuß. Laurencio schreit auf. Man hält ihn allgemein für tot.

Lisida klärt jetzt endlich Fürstin, Fürsten wie die Hofleute über den wahren Verlauf jenes damaligen Duelles auf und gibt für dessen tödlichen Verlauf dem von ihr seit jeher verschmähten Lisardo die Schuld. Fürst und Fürstin reichen sich die Hand zum Lebensbund. Dem Laurencio soll verziehen werden, falls er noch leben sollte. Da erscheint er. Und wird sogleich mit Lisida vermählt.

Eine einzige Kette von Unwahrscheinlichkeiten! Die Calderons Namen gewiß nicht verherrlichen. Eher nimmt er an so schnell hingeworfenen Stükken wie dem vorstehenden beträchtlichen Schaden.

41. Die Belagerung von Breda.

El sitio de Bredá. - 1625. - Nordbrabant. --

In ihrem dörflichen Garten vor der kleinen Festung Bredá wird die Witwe Flor von Spaniern überfallen. Da ihr Garten brennt, bringt sie ein junger spanischer Soldat nach Bredá; in den verliebt sich die Flor. Der Italiener Spinola, Oberkommandierender auf spanischer Seite, inspiziert die technischen Gerätschaften, die zum bevorstehenden Angriff auf Bredá benötigt werden. Dessen Kommandant will die Festung unter allen Umständen verteidigen; Frauen, Greise und Kinder sollen sie deshalb verlassen. Inmitten von Hungersnot und ausgebrochener Pestkrankheit wissen die schluchzenden Frauen weder ein noch aus. Vor Bredá streiten sich Italiener und Spanier, ob sie das zu erobernde Bredá plündern sollen oder nicht; die Spanier sind gegen inhumane Aktionen. Als von Spinolas Truppen die zum Entsatz angerückte holländische Heerschar besiegt wird, hißt der Festungskommandant die Weiße Fahne, erklärt die Kapitulation und läßt die Brücke herunter. Bredás Bewohner verlassen die Stadt. Spinolas Belagerer ziehen ein und hissen am 2.6.1625 die spanische Fahne.

Ein Anfängerstück Calderons, der als junger Freiwilliger an diesem Feldzug gegen die um ihre Unabhängigkeit ringenden Niederländer teilgenommen hatte. Unmöglichkeiten gleich zu Beginn. Als eine während der Belagerung einschlagende Kugel das Zelt des Spinola zerfetzt, der aber gleichwohl in aller Ruhe seine Zeitung weiterliest. Oder der spöttische Begleitkommentar des Marquis von Barlazon zum Abschuß eines seiner Beine. In seiner "Belagerung von Bredá" fungiert Calderon nicht als dramatischer Dichter, sondern als Kriegsberichterstatter. Entweder hat man höheren Orts ein solches Elaborat von ihm angefordert, oder er hat es von sich aus gefertigt, um mit Belobigung von dort in seiner zivilen Stücke-schreiberlaufbahn, schneller voranzukommen.

Jedenfalls wurde vor den Madrider Corraltheaterbesuchern der Sieg der zahlenmäßig haushoch überlegenen Belagerer über die holländischen Verteidiger Bredás als unglaublicher Triumph spanischen Soldatenheldentums zur höheren Ehre des Habsburger Königs gefeiert. Doch Bredá brachte kaum etwas ein. Die Niederländer setzten ihr Land unter Wasser. Und am Ende des Dreißigjährigen Krieges mußten die Habsburger die tapferen Niederländer in die Unabhängigkeit vom Reich entlassen.

42. Das englische Schisma.

La cisma de Inglaterra. - 1635. - London. --

König Heinrich VIII. von England gilt als höchst glaubenstreuer Katholik, nachdem er Luther und seine Reformation auf dem Festlande harsch bekämpft hat; Papst Leo X. verleiht ihm deshalb sogar den auszeichnenden Titel "Defensor Fidei" (Verteidiger des Glaubens). Doch der mit der spanischen Prinzessin Katharina verheiratete Monarch verliebt sich in die attraktive Hofdame Anna Boleyn, zuerst im Traum, später im Wachzustand. Die hatte zwar eine Affäre mit Carlos, dem französischen Botschafter in England, erscheint aber dem Kardinal Wolsey als brauchbares Instrument seiner Rachepläne gegen die Königin, die ihn beleidigend herabgewürdigt hatte. Wolsey hält sich für die politisch rechte Hand seines Königs und läßt weder Carlos noch die Königin an denselben heran.

Bald trifft nun Wolsey auf Anna Boleyn, die ihn fördern will, falls er ihr den Weg zum Thron bereitet. Der König beobachtet die elegante Frau beim Tanz und wird zu ihr von unbeherrschbarer Liebesleidenschaft erfaßt. Diese Situation nutzt Wolsey, indem er Heinrich rät, sich von der Königin scheiden zu lassen. In einer Sitzung des englischen Parlamentes erklärt Heinrich tatsächlich mit feierlichem Nachdruck seine Ehescheidung von der spanischen Katharina. Ungewiß bleibt nur das Schicksal der Maria, des Kindes aus dieser Ehe. Katharina sucht Annas Hilfe in ihrer Notlage; doch die entzieht sich ihr.

Die 1531 verstoßene Katharina stirbt 1536. Nach der neuen Eheschließung König Heinrichs VIII. mit Anna Boleyn wird diese am 1.6.1533 zur Königin gekrönt und bringt als gemeinsames Kind am 6.9.1533 die spätere englische Königin Elisabeth I. zur Welt. Doch der Papst in Rom hat die vorangegangene Ehescheidung nicht genehmigt. Daraufhin sagt sich Heinrich von Rom los, institutionalisiert die eigenständige Kirche von England mit ihm als Summus Episkopus und säkularisiert alle Klostereinrichtungen. - Wolsey fühlt sich von Anna nicht hinreichend gefördert und intrigiert gegen dieselbe. Anna läßt ihn durch den König vom Hof verbannen. Als aber Heinrich von Annas Liebesverhältnis mit Carlos erfährt, läßt er die Parlamentarier auf das Kind erster Ehe, Maria, als auf seine Thronfolgerin schwören. Der zu Füßen liegt die Leiche Anna Boleyns (17.5.1536 +). Maria will jedoch das von ihrem königlichen Vater verursachte Schisma niemals anerkennen.

Der Schluß ist banal, geradezu albern, Er gehört nicht auf die Bühne, sondern in einen Roman, noch besser in eine Historiographie. Aus vereinseitigtem konfessionellen Blickwinkel stellt Calderon das englische Schisma als das Resultat Allergnädigster Wollust dar. Der demütig leidenden, barmherzig liebenden, hochedlen Katharina wird der brutale Heinrich, die rücksichtslos aus purem Ehrgeiz getriebene, aufstrebende Anna und der intrigant-rachsüchtige Wolsey gegenübergestellt. Die Beziehung Anna-Carlos ist wahrscheinlich erdichtet. Wahr ist, daß Blaubart Heinrich in seiner ungebremsten, wollüstigen Triebhaftigkeit keine Hemmungen im Zugriff auf Frauen besaß. Anna Boleyn ließ er hinrichten, um sogleich die Dritte zu heiraten. Die Einführung des sogenannten Protestantismus war hingegen beschlossene Sache ganz unabhängig von Heinrichs Scheidungsbegehren. Jenes war nur der Auslöser. Das schon zu jener Zeit begrenzt mitspracheberechtigte englische Parlament hat die Abnabelung von Rom und Herausbildung einer eigenständig verfaßten Kirche von England beanstandungsfrei gebilligt und sie im weiteren Verlauf niemals rückgängig zu machen versucht.

43. Liebe, Ehre und Macht.

Amor, honor y poder. - Erstdruck 1637. - England. --

Graf Enrico von Salverik warnt in seinem Palast seine Schwester Estela vor den erotischen Ambitionen des in der Nähe jagenden englischen Königs Eduard. Danach läßt er des Königs Schwester Flerida versorgen, die anläßlich der Jagd von ihrem Roß gestürzt ist. Bald erscheint auch der König selbst und belästigt Estela. Und das selbst in der Nacht, wo es Estela freilich gelingt, sich in einen unzugänglichen Nebenraum zu flüchten.

In seinem Schloß beklagt der König seiner Schwester gegenüber Estelas abweisende Haltung. Flerida will sie ihm nachts im Garten zuführen. Doch Enrico wirft sich dazwischen, als sich der König auf seine Schwester stürzt. Der König ohrfeigt ihn und läßt den Degenzückenden ins Gefängnis abführen.

Dort besucht ihn die verkleidete Flerida. Die hat sich in ihn verliebt und will sich sogar ihm hingeben. Doch Enrico wittert dahinter ein verruchtes Tauschgeschäft und will nur seine Schwester vor dem geilen König retten.

Als Flerida und Estela gemeinsam beim König vorstellig werden, befiehlt dieser angesichts Estelas Selbsttötungsdrohung die Vorführung deren Bruders und begnadigt ihn. Danach verheiratet er ihn mit Flerida, während er selbst sich mit der ehrbewußten Estela vermählt.

Imponierend die standhafte Estela, die keine Abstriche von ihrer Ehre zuläßt. Fast schon lächerlich die nächtliche Gartenszene im II.Akt, in der jener König aus seinem Versteck zweimal hervorspringt, erst, um sich Enricos Schwester zu greifen, dann, um diesen selbst zu ohrfeigen. Calderon hat sicherlich gut daran getan, einen solch undisplinierten Monarchen nicht als spanischen König auf die Bühne zu lancieren.

44. Falerinas Garten.

El jardin de Falerina. - 1629. - Orient. --

Die in ihrer Zaubergrotte aus der Tiefe heraufgerufene Seherin Falerina vermittelt ihren Fragestellern geisterhafte Televisionen: der Sultanssohn Lisidante erfährt, daß die von ihm geliebte Bradamante gerade am Hof Karls des Großen mit einem gewissen Rugero hochzeitet. Auch Marfisa, Erbin Ägyptens, bittet um Auskunft.

Dem in ihren Feengarten eingedrungenen Rugero bietet Falerina alle Schätze dieser Erde, wenn er sie vorbehaltlos liebe. Da er aber seiner Bradamante die Treue halten will, verwandelt sie ihn in eine Bildsäule. Den Rugero wollen Bradamante, Marfisa und Lisidante zurückholen, notfalls befreien. Zauberin Falerina verwandelt aber auch diese nebst Gefolge in steinerne Statuen. Als einziger aus dem Gefolge bleibt der Ritter Roland unversehrt, weil er sich einen Ring übergestreift hat, der jedweden Zauber abwehrt. Und der zwingt nun Falerina, ihren Zauber über die Betroffenen aufzuheben. Sie gibt seiner Drohung nach und stürzt sich unter erdbebenartigen Getöse ins Meer. Bradamante-Rugero nun endgültig, aber auch Marfisa-Lisidante halten Doppelhochzeit.

Ein nichtssagendes Stück. Der Stoff hier wie auch bei den beiden Folgestücken wurde novellistischem Inhalt entnommen.

45. Das Schloß der Lindabridis.

El castillo de Lindabridis. - 1660. - Kaukasus, Babylon. --

Ein von zwei Rittern verfolgter Faun flüchtet sich in eine Grotte, die unter einem herabschwebenden prächtigen Garten versinkt. Dessen fürstliche Eignerin Lindabridis berichtet den Rittern von ihren Erbansprüchen auf die Tartarei. Die wollen ihr bei deren Erstreitung helfen. Der eine Ritter ist Rosicler, Bruder des Sonnenritters Phoebus; ihnen gesellt sich die als Ritter verkleidete französische Prinzessin Claridiana zu. Die Ritter huldigen Lindabridis in Romanzen und Serenaden. Da erscheint der Faun aus der Tiefe, bedroht die Fürstin und schlägt die zu ihrer Hilfe herbeieilende Claridiana nieder. Die beiden Frauen lassen sich im Luftschloß nach Babylon verbringen. Vor dem König Licanor von Babylon duellieren sich der Sonnenritter Phoebus mit der von ihm geliebten Claridiana. Danach huldigen Ritter der Lindabridis in deren Zauberschloß.

Der Faun taucht abermals auf und stört das Fest. Lindabridis in Ritterkleidung duelliert sich mit Phoebus. Als der Faun im Turnier alle Ritter besiegt, wird er von Claridiana getötet. Diese vermählt sich mit ihrem Phoebus, während Lindabridis mit dem Ritter Rosicler Vorlieb nimmt.

An diffusen Märchenelementen "Falerinas Garten" noch übertreffend, vermag dieses Stück nur mit einem Vorzug zu brillieren: dem poetischen Sprachgewand, das Calderon jenen phantastisch bunten Geschehnissen überwirft. Das jedoch einer nichtdramatischen Kreation besser anstehen würde.

46. Die Kinder der Fortuna.

Los hijos de la fortuna. - 1664. - Delphi, Ägypten. --

Während eines Apollofestes im heiligen Hain von Delphi erscheint dem Altpriester Charikles Persina, die schwarze Königin von Äthiopien und bittet ihn, sich der unglücklichen Chariklea anzunehmen. Die entzündet einen Opferaltar und reicht die Fackel weiter an den Thessalier Theagenes. Das bedeutet Liebesbund auf Lebenszeit. Neiderfüllte Priesterinnen wollen Chariklea vom Felsen ins Meer stürzen. Theagenes rettet sie, fährt mit ihr zu Schiff nach Ägypten und gerät dort mit ihr in eine so gefährliche wie gräßliche Räuberschlucht. Doch die Liebenden überstehen auch jene letzten Prüfungen.

Vorlage für Calderon: ein Roman. Bei dem die Handlung auch weit besser aufgehoben ist. Lobenswert am Stück sind nur die tief empfundenen Liebesdialoge zwischen Theagenes und Chariklea.

47. Kampf der Liebe und Pflicht.

Duelos de amor y lealtad. – 1675. - Afrika und Tyrus. –

In Afrika besiegen die Tyrier unter ihren Feldherren Leonido und Zenon die miteinander verbündeten Perser und Ceylonesen. Danach liefern sie die gefangene ceylonesische Königin Irifile der Königin von Tyrus, Deidamia, aus. Unter den Gefanfenen befindet sich unerkannt auch der perische Herrführer Thoas. Den liebt Irifile, die ihrerseits von den beiden Tyrierfeldherren begehrt wird. Da Deidamia den Zenon liebt, entlässt die eifersüchtig Gewordene die gefangene Irifile in ihre Heimat, beauftragt jedoch Leonido, Irifile unterwegs zu überfallen und zu heiraten.

In einem plötzlichen und unerwarteten Aufstand machen die gefangenen Perser die sie bisher bewachenden Tyrier nunmehr zu ihren Gefangenen. Thoas beschützt den bisher als Feind geltenden Leonido, will aber Irifiles Hand. Die soll dann Deidamias Thron einnehmen.

Dem blutigen Aufstand ist nur Zenon entronnen, der nun Alexander den Großen um Hilfe anfleht. Diesem eilt Deidamia entgegen und wirft sich ihm zu Füßen. Der an der Spitze seines Heeres siegreiche Alexander bringt Ordnung in das Chaos in und um Tyrus. Den Thoas setzt er als neuen König ein. Der reicht die Krone der Irifile. Die sie der Deidamia. Und die nun abgesegneten Paarungen beseitigen restliche Unklarheiten: Deidamia vermählt sich mit Leonido als dem neuen Herrscher über Tyrus, Irifile mit Thoas als dem neuen König über Ceylon.

Stoffmäßig hat es Calderon diesmal noch etwas weiter gen Osten getrieben. Doch der reine Aktionswert tendiert gegen Null. Sollten die Corraltheaterzuschauer in Alexander dem Großen ihren eigenen König Philipp IV. entdecken? Fast zu schmeichelhaft!

48. Los und Spruch von Leonido und Marfisa.

Hado y divisa de Leonido y Marfisa. - 1680. - Trinakrien und Mitilene.

Leonido hat im Duell Fürstin Armindas Bruder getötet und wird nun an der Küste Trinakriens von Arminda und deren beiden Freunden verfolgt. Er rettet sich auf die Insel der Mitilene, wo er in einer Felsengrotte seine Rüstung ablegt und sich in die von dem Magier Argante daselbst festgehaltene Marfisa verliebt. Daraufhin jagt Argante die Frau durch die Luft davon. Doch Leonido trifft in der Grotte plötzlich auf einen strahlenden Kristallsaal. In dessen Mitte eine prachtvoll gekleidete Marfisa, die in ihrem Zauberspiegel vor ihm Armindas Palast aufleuchten läßt.

An der Meersküste von Trinakrien findet eine Seeschlacht zwischen Mitilenes und Armindas Bewaffneten statt. Leonido - unerkannt - rettet Arminda das Leben.

In jener Felsengrotte vernichtet Marfisa Argantes Zauberwerkzeuge und damit dessen Macht, steigt in Leonidos zurückgelassene Rüstung, reist nach Trinakrien und fordert Leonido zum Duell. Rechtzeitig entdecken sie sich als Geschwister. Und so können sich endlich Leonido und Arminda die Hand fürs Leben reichen.

Die Romanvorlage zu diesem Bühnenstück Calderons läßt sich bestenfalls vermuten. Es ist dessen letztes Werk, kurz vor seinem Tod niedergeschrieben. Pietät gegenüber dem damals Achtzigjährigen sollte Kritik an einer so ausgefallenen Schöpfung verbieten.

Bühnenstücke mit tödlichem Ausgang firmieren allgemein als Tragödien. Auch hier fand Calderon bereits vorbildhafte Schöpfungen Lope de Vegas vor. Doch wohl noch fundamentaler und wohl auch exzessiver als bisher hat er sich gerade in diesem Bereich mit jenem spanischen Ehrenkodex auseinandergesetzt.

Bis auf eine Ausnahme spielen - nicht nur zufällig - deshalb alle Tragödien auf der iberischen Halbinsel.

49. Das Mädchen des Gomez Arias.

La Nina de Gomez Arias. - Um 1651. - Granada. --

Beatriz, die Tochter des Stadtkommandanten, weist den verwundeten Felix von sich. In einem Duell mit ihrem Verlobten Gomez Arias habe er sich tot gestellt und ihn dadurch gezwungen, aus Granada zu flüchten. Währenddessen macht Gomez unverfroren Dorothea den Hof und benebelt sie mit Verehelichungsschwüren. Obwohl sie von dessen Braut Beatriz erfährt, gibt sie sich endlich ihm liebestrunken hin. Doch Felix findet ihn und fordert ihn zum Duell. Während desselben wird plötzlich das Licht gelöscht. Deshalb glaubt Felix irrigerweise, er habe Gomez getötet.

Dorothea, dem Gomez inzwischen ganz hörig geworden, flieht mit ihm aus Granada. In einer entfernten Gegend schlummert sie ermüdet ein; der gewissenlose Gomez verläßt sie. Von aufrührerischen Mauren wird sie gefangen genommen. Doch Stadtkommandant Diego an der Spitze seiner Soldaten befreit sie und bringt sie bei seiner Tochter Beatriz in Granada unter.

Bei Beatriz trifft nun Felix auf den totgeglaubten Gomez und fordert ihn abermals zum Duell. Doch auch diesmal geht das Licht aus. Durch das Auftreten von Diego und dem Vater Dorotheas, der seine Tochter aus Ehrverletzungsgründen erdolchen will, entsteht ein Durcheinander, das es dem gerissenen Gomez erlaubt, in der Dunkelheit diesmal mit Beatriz zu entfliehen. Unterwegs stellt er freilich fest, Beatriz mit Dorothea verwechselt zu haben. In seiner Wut über die Täuschung verkauft er Dorothea gegen kostbare Kleinodien als Sklavin an einen Maurenanführer. Das habe er nur aus Liebe zu ihr getan, eröffnet er nach seiner Rückkehr Beatriz; die ihm aber nicht mehr traut und ihn von sich weist.

In einer maurischen Festung wird Dorothea gefangen gehalten. Um sie zu befreien, ordnet Königin Isabelle persönlich einen Angriff ihrer Truppen gegen die Festung an. Die Mauren müssen kapitulieren. Gomez wird gegriffen und der Königin vorgeführt. Die zwingt ihn, sich auf der Stelle mit der geretteten Dorothea zu vermählen. Danach wird ihm der Kopf abgeschlagen.

Hintergrund dieses spanischen Sagenstoffes ist der Maurenaufstand um 1500 nach der Eroberung Andalusien durch die Vereinigten spanischen Streitkräfte 1492. Calderons Aktionsaufbau ist zwingend, die Charakterisierung der Personen lobenswert, die des Verbrechers Gomez treibt diesen schon fast in eine Rolle sui generis. Daß er unmittelbar nach dem Eheschließungsakt enthauptet wird, hatte ihm bereits Lope de Vega in seinem "Der beste Richter, der König" an der Figur des Junkers Don Tello vorgemacht. Königin Isabella tut es ihrem Vorgänger beeindruckend nach und resümiert: "Bei jedem Verbrechen ist der König gekränkt.".

Mit diesem Stück erzielte Calderon einen seiner beeindruckendsten Erfolge. Während einer Vorstellung sprang sogar ein Zuschauer mit gezücktem Degen auf die Bühne, um den Darsteller des Gomez zu erstechen. Der sich gerade noch ins Kulissenlabyrinth flüchten konnte.

50. Auf heimliche Kränkung heimliche Vergeltung.

A secreto agravio secreta venganza. - Erstdruck 1637. - Lissabon. --

Leonor erhält die Falschnachricht, ihr Geliebter Luis sei als Soldat in einer flandrischen Schlacht gefallen. Daraufhin heiratet sie den portugiesischen Edelmann Lope. Doch alsbald besucht sie der Totgeglaubte, und da brechen in ihr alle leidenschaftlichen Gefühle für ihre Jugendliebe auf. Lope kommt hinzu; verständliche Eifersucht bemächtigt sich seiner.

Im Umgang miteinander werden die sich Liebenden immer unvorsichtiger. Sie werden zusammen gesehen, sie werden von Nachbarn belauscht.

Als eines Tages Leonor im Garten von Lopes Landhaus den Luis zum Stelldichein erwartet, erscheint unerwartet Lope vor ihr in nasser Kleidung: er habe gemeinsam mit Luis eine Bootsfahrt unternommen. Dabei sei das Boot im Meer gekentert, Luis in den Wellen ertrunken, er selber habe sich gerade noch mit äußerster Not an Land retten können. Leonor fällt in Ohnmacht und wird ins Haus getragen.

Doch dieses Landhaus steht unvermittelt in Flammen. Lope trägt die Ohnmächtige als Tote heraus und lamentiert vor den Nachbarn, er habe seine innigst geliebte Gattin, seine ach so tugendsame Frau verloren.

Die Wahrheit erfährt der Theaterzuschauer nur so eben aus Lopes Monolog zwischen beiden Verbrechen: Seine Ehre sei durch Wasser wieder reingewaschen und möge nun noch im Feuer ihren alten Glanz spurenlos zurückerhalten.

Nun können die Leute den Lope nicht mehr "bereden". Ehre entscheidet alles, Liebe - falls sie hier zwischen den Eheleuten überhaupt existiert hat - bleibt ohne Bedeutung.

51. Der Maler seiner Entehrung.

El pintor de su deshonra. - 1650. - Spanien, Italien. --

Serafina hat den Alvaro leidenschaftlich geliebt, sich mit ihm verlobt, jedoch nach Empfang der Nachricht seines Todes bei einem Schiffsunglück auf drängenden Wunsch ihres Vaters hin den weit älteren Malerdilettanten Juan geheiratet. Doch der Totgeglaubte lebt, kehrt heim, wird aber von Serafina - wenn auch schweren Herzens - abgewiesen.

Juan unternimmt immer neue Anläufe, seine junge Frau zu porträtieren. Eines Tages bricht im Hause Feuer aus, das schnell auf die Nachbarschaft übergreift. Juan trägt die ohnmächtige Serafina ans Ufer und vertraut sie dort Matrosen an, da er zurück will, um bei der Löschung des Flächenbrandes zu helfen. Unter den Seeleuten befindet sich Alvaro. Er greift sich die Ohnmächtige und flüchtet mit ihr zu Schiff nach Italien, wo er sie in einem schloßähnlichen Hause unterbringt.

Immer auf der Suche nach seiner entschwundenen Frau durchstreift Juan nun ebenfalls Italien und bietet als mittelloser Maler seine Dienste dem Fürsten von Urbino an. Der wünscht sich das Porträt einer Dame, deren Schönheit ihn fasziniere. Unerkannt hinter seiner Staffelei beginnt nun Juan, die Schöne zu malen und muß in ihr zu seinem Schrecken Serafina wiedererkennen. Die fällt vorübergehend in leichten Schlaf und vertraut dem sie umarmenden Alvaro an, sie habe von ihrem gewaltsamen Tod durch ihren Ehemann geträumt.

Daraufhin greift Juan zur Pistole und erschießt Serafina nebst Alvaro.

Auch diesmal ist die Tragödie durchgestaltet. Auch diesmal triumphiert wie selbstverständlich Ehre über Liebe. Ist das kompliziert veräderte Innenleben einer in qualvolles Dilemma gestoßenen Frau einer psychologischen Erforschung wert? Nein! Denn eine Frau zu Calderons Zeit gilt nur biologisch als lebendiges Wesen. Juristisch - und darauf kommt es hier an - ist sie eine tote Sache, die im Eigentum eines Mannes steht.

Unverständlich bleibt, daß im II. Akt nur Juan, nicht aber die am Wasser anzutreffenden Matrosen sich bei der schwierigen Brandbekämpfung betätigen.

52. Der Arzt seiner Ehre.

El medico de su honra. - 1637. - Sevilla. --

In das Landhaus des Don Gutierre wird der vom Pferd gestürzte Prinz Enrique, Bruder des Königs, gebracht. Gutierres Frau, Donna Mencia, versorgt den Behinderten und erkennt in ihm ihren früheren Anbeter wieder.

In Annäherungsabsicht besucht Enrique Mencia, wird aber von ihr entschieden zurückgewiesen. Als Gutierre unerwartet im Haus auftaucht, versteckt sich der Prinz und verläßt danach ungesehen das Haus. Doch dessen dabei verlorenen Dolch findet Gutierre und stellt bald danach im königlighen Palast fest, daß der Dolch und des Prinzen Degen zur gleichen Garnitur gehören. Argwöhnisch geworden kehrt er in sein Landhaus zurück und findet seine Frau schlafend vor. Als er Mencia umarmt, glaubt sie sich im Beisein Enriques und bittet ihn, das Haus zu verlassen, da sie beim erneuten Erscheinen ihres Gatten ihn nicht noch einmal werde verstecken können. Unerkannt entfernt er sich, um sogleich als Gutierre zurückzukehren und ihr das mittelbare Bekenntnis ihrer Untreue von soeben so intensiv vorzuhalten, daß sie in Ratlosigkeit und Verwirrung gestoßen wird.

Der König, dem sein Bruder die leidenschaftliche Zuneigung zu Mencia gesteht, verbannt ihn vom Hofe. Dies nimmt nun Mencia zum Anlaß, ihn in einem beschwörenden Brief zum Verbleib in Sevilla zu bewegen. Vor der Absendung bekommt der seine Frau überraschende Gutierre den Brief zu lesen. Jetzt wird für den Ehemann die Sachlage klar; er schließt seine Frau in deren Zimmer ein und teilt ihr mit, sie habe nur noch zwei Stunden zu leben; in dieser Zeitspanne solle sie ihre sündige Seele auf das Jenseits vorbereiten.

"Arzt meiner Ehre bin ich. Und die Flecken Unwürd'ger
Schmach werd' ich mit Erde decken."

Danach zwingt Gutierre tatsächlich einen Wundarzt unter Todesdrohung, Mencia die Arterie zu öffnen. Mencia verblutet.

Grundsätzlich billigt der König jene "Rache"aktion und bestraft den Mörder Gutierre lediglich damit, daß er eine demselben von früher her bekannte Frau, die ihm jetzt verhaßte Donna Leonor, heiraten muß.

Rein vom äußeren Straftatbestand her unterscheidet sich der "Arzt seiner Ehre" vom "Entehrten Maler" dadurch, daß seitens des jeweiligen Ehemannes hier die schuldlose Mencia, dort die schuldige Serafina getötet wird. Im Falle Serafina-Alvaro kann man - vielleicht - noch von einer Tötungshandlung Juans im Affekt ausgehen. Hier jedoch wird unter der besonders verwerflichen Einschaltung des Wundarztes gemordet. Der handelt als Tatwerkzeug straflos, da selbst mit dem Tode bedroht; Gutierre als mittelbarer Täter ist eindeutig der Mörder.

Nur sehr difficil läßt sich ein Psychogramm der schuldlosen Mencia erstellen. Sie leidet unter ständiger Angstneurose so wie ihr Ehemann Gutierre unter einer ständigen Verdachtsschöpfungsneurose. Die Tragödie wäre höchstwahrscheinlich vermieden worden, wenn Mencia ohne Umschweife ihrem Ehemann das berichtet hätte, was unter Berichtsnotwendigkeit stand: daß sie den Prinzen Enrique wegen dessen Pferdesturzverwundung versorgt habe, daß sie ihn von früher her flüchtig kennen, ihn sich jetzt jedoch mit aller Entschiedenheit auf Distanz halten würde. Warum versteckt Mencia anläßlich der zweiten Begegnung den Prinzen vor Gutierre? Warum schreibt sie dem Prinzen jenen verhängnisvoll mißverständlichen Brief? Warum kommt es nicht beizeiten zu einer klärenden Aussprache zwischen den Ehepartnern, auch wenn beide neurotisch heimgesucht sind?

Doch nur auf Grund ihrer fehlenden Offenheit darf man Mencia nicht als Mitschuldige an ihrer Ermordung einstufen. Die bei Gutierre erst im III.Akt so recht hervorbrechende, fast singulär grausame Wesensveranlagung macht jeden Umkehr- und Heilungsversuch zunichte: das Ultimatum mit den Mencia bis zum Tod noch verbleibenden zwei Stunden, die Überlegung, den Wundarzt als Deliktszeugen zu beseitigen, der Versuch, dem König Mencias Ende als reine Unfallfolge einzureden.

Diesmal darf der ehrversessene Ehemann den vermeintlichen Ehebrecher nicht bestrafen; denn der ist ein gesellschaftlich für ihn zu Hochgestellter. Daß dessen regierender Bruder - König Pedro der Grausame - den Mörder Gutierre freilich nur dadurch bestraft, daß er ihn zu einer Eheschließung mit einer anderen Frau zwingt, das schlägt dann wohl doch dem Faß den Boden aus. Logisch weitergedacht: wird dem Gutierre die aufgezwungene Zweitfrau Leonor eines Tages über, so braucht er sie nur zu töten, um über den König an eine Drittfrau zu gelangen.

Hat Calderon den vorliegenden Vorfall nur deshalb so extrem auf die Spitze getrieben, um bei seinen Corraltheaterzuschauern horrorkitzelnde Pluspunkte zu erwirtschaften? Überlegungen in diese Richtung gehen fehl. Der Dichter war viel zu sehr dem idiotischen Ehrenkodexgehorsam seiner Zeit verhaftet, als daß er imstande gewesen wäre, aufklärerisch auf seine Zeitgenossen einzuwirken.

Nach Calderons Tod erreichte der "Arzt seiner Ehre" auch in anderen europäischen Ländern seinen - unterschiedlichen - Bekanntheitsgrad. Seit dem Aufklärungsjahrhundert löste die Tragödie fast durchweg heftige Empörung aus. Dramaturgen wollten sie "vom Staub des Allzuspanischen" befreien, Regisseure sie dem Publikumsgeschmack zuliebe "einrichten". Alle derartigen Nachbesserungsversuche geben sich sinnlos, weil sie den klaren Willen des Autors verfälschen.

Möge der "Arzt seiner Ehre" deshalb studien- und lesehalber bleiben ein Geschichtsdokument für die Ehrauffassung der Spanier in ihrem Siglo de Oro! Nicht zur Erbauung, sondern zur Abschreckung! Zur Nachdenklichkeit auch bei späteren Generationen!

53. Größtes Scheusal Eifersucht.

El major monstruo los celos. - 1637. - Joppe, Memphis, Jerusalem. --

Der jüdische König Herodes ist zur militärischen Hilfe dem Antonius verpflichtet, der sich mit Octavian um die Macht im Römischen Reich und damit um die damalige Weltherrschaft streitet. In einer entscheidenden Seeschlacht, in der Antonius fällt, siegt Octavian, der spätere Kaiser Augustus. Der zieht nun mit seiner Streitmacht gegen die Truppen des Herodes.

Vor diesem weltgeschichtlichen Hintergrund vollzieht sich das furchtbare Ende der Ehe zwischen Herodes und der von ihm extrem leiden-schaftlich geliebten Mariamne. Der von Octavian gefangen genommene Herodes will unter keinen Umständen, daß nach seinem möglicherweise jetzt bevorstehenden Tode ein Anderer Mariamne besitzt und beauftragt deshalb seinen Vertrauten Philippus, Mariamne sofort zu töten, sobald die Nachricht von seinem Ende eintreffe. Unglücklicherweise erfährt Mariamne von diesem Auftrag; ihre frauliche Empörung darob kennt keine Grenzen. Und nach der Rückkehr des – auf ihre Bitten hin von Octavian freigelassenen - Gatten straft sie ihn mit unüberbietbarer Verachtung; sein grenzenloser Egoismus, seine verbrecherische Eifersucht habe das eheliche Band zerrissen. Getrennt von ihm wolle sie ihr ferneres Leben in aller Abgeschiedenheit gleich einer vereinsamten Witwe führen.

Nach seinem Einzug in Jerusalem bietet Octavian Mariamne seinen persönlichen Schutz gegen Herodes an. Den weist sie zurück. Da tritt Herodes ein, findet seinen Dolch am Boden wieder und dringt auf Octavian wie auf einen Nebenbuhler ein. Um ein Duell zu verhindern, löscht Mariamne das Licht. In der Dunkelheit führt er den Dolchstoß versehentlich gegen sie statt gegen Octavian. Mariamne stirbt in Erfüllung einer früheren Weissagung. Der total verzweifelte Herodes stürzt sich ins Meer.

Calderons Tragödie ist mit anderen Nebenhandlungen durchsetzt, namentlich mit der des in Octavians Hand gefallenen Bildnisses Mariamnes. Zwei Jahrhunderte später verfaßte Hebbel seine "Herodes und Mariamne"; in diesem Trauerspiel läßt Herodes noch zum Schluß ein Strafverfahren wegen angeblicher Untreue gegen seine Frau in Gang setzen.

Doch im Entscheidenden sind sich Calderon und Hebbel einig: in der Reaktion der tödlich beleidigten Frau, im Falle des Ablebens ihres Ehemannes automatisch "unter das Schwert gestellt zu werden". Es ist der verbliebene Stolz eines mehr als nur gedemütigten Weibes, daß für sie hinfort keine eheliche Gemeinschaft mehr existieren kann, mehr noch, daß nur ein rascher Tod notfalls von eigener Hand ein solch sinnlos gewordenes Leben abbrechen kann.

Das sich in Herodes verkörpernde Monster Eifersucht, Ausfluß einer unmenschlich entarteten, maßlos egozentrischen und zugleich egoistischen Leidenschaft macht Mariamne von vornherein zu einer Todgeweihten. Deren seelische Größe auch schon Calderon seinem Theaterpublikum in wundervollen, hochpoetischen Versen vermittelt hat.

Leider flacht sich der Schluß in beiden Fällen ab. In Calderons Gemach der Mariamne kommt es fast zu einem Duell nach MD-Komödieaart; bei Hebbel treten zu allem Überfluß auch noch die Heiligen Drei Könige aus dem Morgenlande auf.

Daß Calderon den "Arzt seiner Ehre" und das Scheusal Herodes in der gleichen Schaffensphase herausbrachte, könnte eine Rechtfertigung des spanischen Ehrenkodex indizieren. Als wollte er seinen Theaterbesuchern zurufen: Na schaut her, ihr Leute, vor fast zwei Jahrtausenden hat ein Ehemann seine Ehefrau schon ebenso behandelt wie in unserer iberischen Gegenwart: als sein Eigentum, mit dem man nach Belieben verfahren kann. Letzthin als eine bloße Sache. Als zulässiges Opfer seiner Launen. Na bitte!

54. Der Richter von Zalamea.

El alcalde de Zalamea. - 1642. - Dorf in der Estremadura.

Auf dem Weg nach Portugal sucht ein spanischer Soldatenhaufen nächtliche Unterkunft in dem Dorf Zalamea. Im Hause des reichen Bauern Crespo sieht der Hauptmann Alvaro dessen schöne Tochter Isabel und belästigt sie sogleich. Konsequent entzieht sie sich ihm.

Nach Abzug der Soldaten kehrt nachts Alvaro mit einigen seiner Leute unverhofft zurück. In Crespos Haus überfällt, raubt und verschleppt er Isabel. Auf deren Angstschrei hin will Vater Crespo sie befreien, wird jedoch von dem Gesindel an einen Baum festgebunden.

Die von Hauptmann Alvaro brutal vergewaltigte Isabel findet ihren Vater und bindet ihn los :

"Deine Tochter bin ich, ehrlos,
Und du frei. Deshalb gewinne
Würd'ges Lob durch meinen Tod!
Laß den Ruf vor dir berichten,
Daß um Leben deiner Ehre
Du den Tod gabst deinem Kinde,"
(sie kniet nieder)

Auf dem Rückweg erfährt Crespo, daß er seitens der Ortsbewohner zum Bürgermeister mit richterlichen Befugnissen gewählt worden ist.

In einem Duell wird Alvaro von Isabels Bruder verwundet und sucht deshalb im Dorf Zalamea um Wundversorgung nach. Crespo läßt ihn ins Dorfgefängnis werfen, beschwört ihn, fleht ihn sogar auf Knieen an, seine geschändete Tochter zu heiraten, damit sie ihre Ehre zurückgewinnen könne. Der Hauptmann antwortet ihm mit hohnerfüllten Beleidigungen. Daraufhin verurteilt Richter Crespo ihn zum Tode durch Erdrosselung mittels Würgeeisens.

Der Dienstvorgesetzte des Hauptmanns, der General Don Lope, fordert unter Berufung auf die strafrechtliche Kompetenz der Militärgerichtsbarkeit die sofortige Auslieferung Alvaros. Crespo lehnt entschieden ab. Als Lope zur Strafe das Dorf einäschern lassen will, trifft unerwartet der König Philipp II. ein. Als allmächtiger Monarch und oberster Gerichtsherr seines Staates darf er sich über Kompetenzverletzungen hinwegsetzen. Er läßt durch Crespo das Gefängnistor öffnen: auf einem Stuhl sitzt der erdrosselte, entseelte Alvaro.

Angesichts Isabels Schändung nebst Ehrverlust auf Lebenszeit bestätigt der König Crespos Todesurteil und ernennt diesen sogar zum Dorfrichter auf Lebenszeit.

Calderons tragödial bestes Stück, die Zuschauer in tiefer Befriedigung aus dem Theater entlassend, wird auch heute noch mit gleichem Erfolg auf Europas Bühnen präsentiert. Straff im Aufbau, konsequent im Vorwärtstreiben der Handlung garantiert es gesteigertes Interesse an dem spannungsgeladenen Aktionsgeflecht bis in die Schlußphase hinein. Die Charakterzeichnung bei allen Beteiligten unübertroffen! Die Lebendigkeit der Soldatenszenen schöpfte Calderon aus eigener wehrdienstlicher Anschauung.

Gesellschaftliche Sozialkritik hat Calderon auch diesmal nicht beabsichtigt. Gewiß: Die Bauern ermöglichen durch ihrer Hände Arbeit steuermäßig die geldwerten Güter, die dann die steuerbefreiten Adligen verbrauchen. Und hier wird obendrein ein Bauernmädchen von einem adeligen Offizier vergewaltigt, wodurch es unwiderruflich auf Lebenszeit geschädigt wird. Beklemmend dazu die elegischen Verse ihres Vaters Crespo:

"In ein Kloster tritt' sie bald,
Wo sie einen Bräutigam findet,
Der nicht achtet auf den Stand."

Deshalb soll die Staatsordnung jedoch keineswegs in Frage gestellt werden. Kein generelles Aufbegehren gegen die Willkür hochherrschaftlicher Standespersonen! Selbst seitens des zutiefst gequälten Crespo nicht. Denn der von Gott gesetzten Ordnung wird ja durch die Garottierung des Schänders vollauf Rechnung getragen. Nicht der geringste demokratische Impuls macht sich bemerkbar. In Anlehnung an den damals fast schon zeitgenössischen Philosophen Leibniz würde auf Anfrage auch ein Calderon bezeugen, daß die Spanier unter König Philipp II. in der besten aller denkbaren Welten leben.

"Der Richter von Zalamea" wird immer wieder die Menschen anrühren. Vor allem dann, wenn die Titelrolle so ideal besetzt wird wie weiland durch den unvergessenen Heinrich George.

IV. Antikmythologische Festspiele

Immerfort trug sich König Philipp IV. von Spanien mit der Absicht, sein Herrscherhaus zu glorifizieren. Dazu sah er eine Möglichkeit in der Veränderung der Madrider Theaterlandschaft. Es sollte etwas sein, das über die Darbietung der üblichen Mantel-und-Degen-Komödien in den von Bürgern besuchten Corraltheatern weit hinausragte. In Pracht, in Prunk, in Pomp. In Überhöhung seiner Habsburger Dynastie.

Dazu bedurfte es freilich besonderer Anlässe. So lag es nahe, Geburten, Heiraten, Krönungen innerhalb der königlichen Familie zur entsprechend Aufsehen erregenden Repräsentation zu nutzen. Beispielswleise 1657 anläßlich der Geburt des Prinzen Philipp Prospero ("Apollos Lorbeer"), anläßlich der Vermählung der Prinzessin Maria Theresia mit dem französischen König Ludwig XIV. im Jahre 1659 ("Der Purpur der Rose") oder zu Ehren der Regentschaft der Königinmutter an ihrem Geburtstag 1669 ("Wilde macht Liebe weiblich"). Und die Anlässe häuften sich.

Doch was sollte denn nun jene bürgerlichen Corraltheatervorführungen übertrumpfen? Ein spezifisches Festspiel mußte her! Doch wer sollte solche Fiestas verfassen? Für Philipp IV. stand die Wahl von vornherein fest: nur sein Hofdichter Calderon durfte es sein. Diesen berief der Monarch 1635 zum Direktor seiner Hoffestspiele im Madrider Garten "El Retiro", in welchem sein Vorgänger ein Lustschloß hatte errichten lassen.

Zu einer solchen Fiesta mußte sich Calderon einen Stoff aussuchen, der betörende Kulissenpracht und allein schon dadurch ein gesellschaftliches Spitzenereignis rings um den absolutistischen Herrscher garantierte.

Inzwischen war der Ruhm der italienischen Oper bis nach Madrid gedrungen. Bereits im Jahre 1626 hatte sich Philipp IV. den florentinischen Theateringenieur Cosimo Lotti verpflichtet, dessen Einfallsreichtum und technischem Können eine Weiterentwicklung des spanischen Kulissenwesens - der Bastidores - zu danken ist. Die jetzt im Coliseo und Retirogarten die Kulmination ihrer glanzvollen Entfaltung vor allem in der komplizierten Maschinerie erlebte. Die von Feuer und Felsstürzen, von Sturmböen auf dem Wasser bis hin zu Morgenröte, Wolkenballung und Vulkanausbruch alles realisierte, was die mythologische Vorlage zu liefern vermochte. Das Nebeneinander mehrerer geschlossener Räume; Schaffung von Raumtiefe durch perspektivische Kulissenanordnung, schneller Leinwand-Bildwechsel auf Gleitschienen, Hochziehen und Fallen eines Vorhanges zwischen Bühnenrampe und Zuschauerareal, dies und noch mehr geht auf den phantasievollen Lotti zurück. Der dann freilich bei mancher Gelegenheit - beispielsweise anläßlich der Inszenierung von "Über allem Zauber Liebe" - sich den Protest Calderons zuzog; der warf Lotti vor, er habe "mehr die Theatermaschinen im Sinne als eine geschmackvolle Aufführung."

Weniger in den Entremes zwischen den Akten eines Festspiels als vielmehr in dem Vorspruch - der Loa - zu Beginn, mitunter auch im Nachspiel ließen die Theaterleute Elogen auf den anwesenden Monarchen los, dessen Emblem über dem Bühnengerüst prangte. Das führte dann dazu, daß solche Huldigungsloas kaum modifiziert bei der Vorführung auch anderer Festspiele gleiche Verwendung finden konnten.

Vorzugsweise hier fand dann auch die Musik, während der Entremes sogar der Tanz seine Verwendung. Die musikalische Komponente in ihrer reicheren Ausprägung hatte der Italiener Lotti ebenfalls vermittelt. Uns Heutigen bleibt es verwehrt, uns hiervon substantielle Vorstellungen zu machen. Jedwede Notierung fehlt. Was da am Ende einer Loa, zwischen den Akten, nach der beschließenden Mojiganga erklungen sein mag, dürfte in Rezitativform, vielleicht auch nur melodramatisch in Begleittönen zu gesprochenem Text erfolgt sein. Vielleicht wurde auch aus besonderem Anlaß einmal eine Romanze mitten in einen Akt eingeschoben als lyrischer Ruhepunkt; die dann komplett arienähnlich durchgesungen wurde. Doch aufs Ganze gesehen muß man sich die musikbezügliche Beisteuerung auch in ihrer instrumentalen Untermalung wohl eher karg und dürftig als gewichtig vorstellen. Vaudevilles wie später in Frankreich waren noch nicht in Mode. Nur das allegorische Festspiel um Aphrodite und Adonis "La purpura de la rosa" 1659 soll fast durchgehend gesungen worden sein.

Da Handlungskonzepte betreffend den Umkreis der königlichen Familie oder auch nur der spanischen Granden von vornherein außer Betracht zu bleiben hatten, griff der neuernannte Hoftheaterleiter auf die griechische Antike zurück, die ein überwältigendes Arsenal an spektakulären mythologischen Stoffen anzubieten hatte: Halbgötter wie Perseus, Prometheus, Herakles oder Achilles; noch willkommener die hellenische Götterriege auf dem Olymp selbst, in deren Glanz sich dann ein eitler Monarch auf Erden trefflich spiegeln konnte.

Zunächst war ein solches Festspiel nur für einen einzigen Tag am Hofe bestimmt. Später wurden Wiederholungen zugelassen. Gelegentlich wurden noch später Hofinszenierungen auch von den Corraltheater übernommen, um partiell den verschwenderischen Kulissenaufwand kostenmäßig zu nutzen und die Schauspieler in ihrer einstudierten Rollen mühelos weiterzubeschäftigen. Doch auch dann sollte das Publikum mehr über die tollen Maschinerieleistungen inmitten der Bühnenaufbauten staunen als sich einer bloß verbalen vergnüglichen Unterhaltung hingeben.

Die Aufführungen fanden zumeist im Freien statt, im weitläufigen Gartengelände des Retiroparkes. Bei ungünstiger Witterung konnten sie jedoch notfalls in den Salón Dorado im Madrider Alcázar verlegt werden. Der erwies sich freilich bald als räumlich zu beengt. Deshalb wurde in den Retiropalast ein voluminöser Theatersaal eingebaut und seit dem Jahre 1640 als sogenanntes "Coliseo" genutzt. Wie im Park durfte sich nun auch auf den innerräumlichen Bühnenbrettern ein fulminanter Theaterzauber technisch entfalten, der den vom eitlen König gewollten Propagandaeffekt bald auch über Spaniens Grenzen hinaustrug.

Während einer Aufführung im Coliseo saß der König auf einem Thron, nach allen Seiten hin sichtbar, dem Bühnenaufbau frontal gegenüber. Die Mitglieder seines Hofstaates gruppierten sich hinter ihm. Die anderen Zuschauer, zumeist geladene Gäste, Granden, diplomatische Vertreter wurden an den Längsseiten des Raumes plaziert. Zugang und Abgang wurden durch Hofzeremoniell geregelt.

55. Über allem Zauber Liebe.

El mayor encanto amor. Uraufführung 1635. - Erstdruck. 1637. --

Inmitten des reichen Bestandes altgriechiscner Mythologie versprachen besonders Homers Meisterepen Ilias und Odyssee willkommene Ausbeute. Hier versetzt Calderon die Zuschauer auf die Mittelmeerinsel Trinakria.

Dort hat Zauberin Circe mittels eines geheimnisvollen Trankes des Odysseus Gefährten in Tiere verwandelt. Auf sein Flehen hin sendet Göttin Hera dem Odysseus einen Blumenstrauß, mit dessen Hilfe er bei Circe die Zurückverwandlung seiner Getreuen in Menschen erzwingen kann.

Odysseus und der Prinz Arsidas sehen sich als Rivalen um Circes Gunst. Schließlich wendet sich Circe leidenschaftlich Odysseus zu, der selig entschlummert. Doch plötzlich ertönt Waffengetöse seiner Gefährten, das Circe in zarte Liebesharmonieen umwandelt. Odysseus fällt erneut in Schlaf.

Abermals erhebt sich Waffenlärm. Der verschmähte Arsidas will sich an Circe rächen, die mit ihren Amazonen seine Streitgenossen zurückschlagen will. Die Gefährten bekommen ihren Odysseus erst wach, als plötzlich der Schatten des vor Troja gefallenen Achilleus auftaucht. Der bei seinem alten Kampfgefähten erprobte Tapferkeit und mutigen Entscheidungswillen anmahnt.

Odysseus erkennt nun, daß nur seine Flucht von der Insel die gefährliche Liebe zu Circe niederringen kann. Als die im Kampf gegen Arsidas siegreiche Circe zurückkehrt, vermag sie den Odysseus und seine Leute nur noch weit entfernt auf dem Meer wahrzunehmen. Mit Hilfe eines magisch entfachten Feuerorkans will sie sich den Geliebten zurückholen. Doch als sie seitens der Nymphe Galathea erfährt, Odysseus' Schiff stehe unter Heras Schutz, vernichtet sie sich selbst und versinkt mit ihrer Insel im Meer.

Der neuberufene Hoftheaterdirektor Calderon hat den aus dem 20. Gesang von Homers Odyssee entnommenen Stoff frei umgebildet, um vor allem Theateringenieur Lotti Gelegenheit zu verschaffen, mit monströsen Feuer- und Wasser-, fast schon kosmischen Spektakeln auf den Teichen des Retirogartens die höfischen Notablen mit König Philipp IV. und seiner Gemahlin, der Königin Isabella von Valois, an der Spitze in eine bisher unbekannte

Überraschungsbegeisterung zu katapultieren. Die allergnädigsten Zuschauer muß damals ein mehr optisch als akustisch gesteuerter Rausch erfaßt haben.

Lange nach diesem denkwürdigen Debut griff Calderon noch einmal in Homers Odyssee-Stoff. 1657 brachte er den "Golf der Sirenen" im Hoftheater zur Aufführung. Dort steigern sich Odysseus und die beiden weiblichen Ungeheuer Scylla und Charybdis wechselseitig in Liebesraserei hinein. Ohne freilich auch nur annähernd den früheren Triumph wiederholen zu können.

56. Auch Amor erliegt der Liebe.

Ni Amor se libra de amor. - 1640.

Psyche, ihr königlicher Vater und ihr Bräutigam Antäus betreten eine Insel. Auf ihr eröffnet der König seinem Gefolge, auf Zeus' Befehl hin müsse Psyche hier einsam zurückgelassen werden. Der gegen solche Behandlung revoltierende Antäus wird gefesselt. Das Schiff setzt von der Insel ab.

Vor Psyche tut sich eine mit Kleinodien angefüllte, prunkvolle Grotte auf. Amor, Gott der Liebe, offeriert ihr alle Reichtümer dieser Erde unter der einen Bedingung, daß sie ihn niemals sehen darf. Nach langem Zögern akzeptiert Psyche die gestellte Bedingung.

Bald wähnt sich Psyche glückselig im Verbund mit Amor, der sie nur nachts besucht und bei Morgengrauen wieder verläßt. Einmal läßt er sie fernschauen nach dem königlichen Palast des Vaters, in welchem ihre beiden Schwestern hochzeiten, und ihr Verlobter Antäus unverändert schmerzvoll ihren Verlust beklagt.

Jetzt vermittelt Amor seiner Psyche auf der Insel eine Begegnung mit den Ihren. Die bedrängen sie, ihnen den unsichtbaren Amor vorzuführen. Sie will ihn sogar erdolchen, bringt das aber beim Anblick des holdselig Entschlummerten nicht zustande. Gleichwohl muß nun Amor sie verlassen.

Jetzt begreift Psyche, daß sie ihn infolge der verhängnisvollen Einflüsterungen ihrer Familie verloren hat. Unter Tränen erfleht sie sein Verzeihen und richtet den Dolch nun gegen sich selbst. Das bringt die Wende auch im Rat der Götter. Amor schließt Psyche wieder in seine Arme und führt sie ins Reich ewiger Freude.

Calderon hat den im Jahre 1604 bereits von Lope de Vega verwerteten Romanstoff vorzüglich durchgestaltet. Die ideale Symbiose von körperlichen Drang und seelischer Zuneigung erfährt hier ihre allegorische Meisterung in einer letzthin spannungsvollen Handlung. Die dann ihrerseits in ihren seligen Ruhepunkten hymnisches Musizieren geradezu herausfordert.

57. Andromeda und Perseus.

Fortunas de Androméda y Perseo. - Um 1650. Erstdruck 1663. - Achaia, Sizilien, Afrika. –

Allerhand Aktivitäten der griechischen Götter. Da der Bauer Perseus seitens seiner Mutter Danae seine väterliche Herkunft nicht erfährt, erbieten sich Pallas Athene und Hermes, die Information nachzuholen. –

In eitlem Übermut hat die Sizilianerin Cassiopeja erklärt, ihre Tochter Andromeda übertreffe an Schönheit selbst noch Göttin Aphrodite. Die schickt ihr jedoch ein Seeungeheuer ins Land.

Medusa wiederum hat Pallas Athene so schwer beleidigt, daß die Göttin ihr die Augen versteinert und die Haare in Schlangen verwandelt. Unter diesen Prämissen wird Perseus von dem als Andromeda verkleideten Hermes in die Grotte des Morpheus gelockt. Als er erwacht, findet er sich mit seiner Mutter Danae auf seinem bäuerlichen Boden wieder; beide werden vom achäischen König an dessen Hof geladen.

Auf Sizilien begegnen sich Perseus und Andromeda; es ist Liebe auf den ersten Blick. Doch der auf deren Glück neidische Phineus, Andromedas Cousin, hetzt das Volk in seiner Eifersucht so auf, daß es schließlich sogar Andromedas Tod fordert.

In Afrika stöbert Perseus die Medusa auf, läßt sie in einem ihm von Pallas Athene ausgehändigten Waffenschild ihr Spiegelbild erkennen und trennt ihr das Haupt vom Rumpf. Aus ihrem Blut steigt das geflügelte Roß Pegasus empor, auf dem Perseus auf- und davonreiten kann .

Die von Phineus aufgehetzten Sizilianer haben inzwischen mit Hilfe von Meerjungfrauen Andromeda an einen ins Wasser abstürzenden Felsen gekettet. Ein sich aufbäumendes Meerungeheuer will gerade Andromeda verschlingen, als Perseus gerade noch rechtzeitig auf seinem Pegasus anreitet und das Monstrum erledigen kann.

Hera und die Neidgöttin Eris wollen das zurückgewonnene Glück der sich Liebenden abermals zerstören. Da öffnet sich der Olymp: inmitten der Götter deklariert Zeus von seinem Sonnenthron herab den Perseus als seinen Sohn.

Die Vorlage boten Ovids Metamorphosen. Calderon blähte die Geschehnisse nach der visuellen Seite hin so auf, daß Lottis Bühnenmaschinisten mit

Kulissenschiebereien und Knalleffekten vollauf beschaftigt waren. Die Apotheose am Schluß hat sicherlich auch musikalische Assistenz provoziert.

58. Die Tochter der Luft.

La hija del aire, parte primera y parte segunda. - Zwischen 1650 und 1664. - Askalon, Ninive, Babylon. --

I. Teil

Der siegreiche Feldherr Menon des assyrischen Königs Ninus, von dessen Schwester Irene heimlich geliebt, betritt gegen den Protest des Venuspriesters Tiresias die Höhle der Semiramis. Die berichtet ihm von ihrer Herkunft: unter dem Beistand der Göttin Aphrodite habe ein Schäfer die Arceta, eine Nymphe der Artemis, vergewaltigt. Die habe danach den Schäfer getötet, jedoch ihre - der Semiramis - Geburt nicht überlebt. Auf Befehl der Aphrodite habe ihr Priester Tiresias sie hier in der Einsamkeit großgezogen. Menon verliebt sich in das schöne Weib und nimmt es mit sich auf seinen Landsitz in der Nähe der königlichen Residenz Ninive. Dort will er sie vom Hofe fernhalten. Doch anläßlich einer Jagd gelangt König Ninus in die Nähe des Landgutes, trifft auf Semiramis, will sie sogleich besitzen und droht Menon Augenblendung an, falls er sie ihm nicht überlasse. Semiramis ihrerseits wechselt kalt berechnend von Menon zu Ninus, um an dessen Machtstellung teilzuhaben. Da Menon den königlichen Befehl, Ninive zu meiden, nicht befolgt, läßt ihn Ninus blenden. Anläßlich der Hochzeit Ninus-Semiramis prophezeit der Geblendete, die Braut werde ihren Bräutigam umbringen.

II. Teil

Zwei Jahrzehnte später erhebt nach dem gewaltsamen Tod des Ninus der mit dessen Schwester Irene verheiratete Lyderkönig Lidoro Anspruch auf den Assyrerthron. Als Semiramis in der von ihr gegründeten neuen königlichen Residenz Babylon der Anmarsch dessen Truppen gemeldet wird, unterbricht sie sofort ihre Haarputztoilette, stellt sich an die Spitze ihrer eigenen Streitmacht, besiegt die Lyder, nimmt Lidoro gefangen und kettet ihn wie einen Hund an. Danach fährt sie in der Toilette fort.

Dennoch rebellieren die eigenen Assyrer gegen sie: wollen durchaus nicht mehr von einer Frau regiert werden und rufen nach Semiramis' Sohn Ninyas. Den läßt sie wegschaffen; da er aber seiner Mutter täuschend ähnlich sieht, verkleidet sie sich in ihn und regiert weiter. Doch als die Lydrer unter Lidoros' Sohn erneut angreifen, und Semiramis sich kampfesmutig abermals in die

Schlacht stürzt, wird sie durch gegnerische Pfeilschüsse tödlich verwundet. In ihrem qualvollen Sterben erinnert sie sich der Weissagungen anläßlich ihrer Geburt und erkennt den Sieg der lebensvernichtenden Artemis über die lebenserhaltende Aphrodite. - Nun tritt ihr Sohn, der echte Ninyas, die Herrschaft in Babylon an.

Bereits Jahrzehnte zuvor hatte Lope de Vega die gleiche "Tochter der Luft" dramatisiert. Calderon jedoch hat mit seiner Semiramis eine ganz besondere Charakterrolle geschaffen. Und diese im Rahmen einer unterhaltsamen Hoffiesta! Daß ihre Mutter Arceta dem sie vergewaltigenden Erzeuger nach dem Beischlaf den Kopf abgeschlagen hat, findet seine Parallele in Judith-Holofernes. Dies Geschehen hat sich freilich wie ein Schatten auf das fernere ruchlos gewalttätige Leben der Semiramis gelegt. Die ihre gefährliche Schönheit rücksichtslos ausnutzt. Dabei ihren Egoismus kultiviert, ihren Machttrieb steigert. Den Vasallen von sich stößt, um sich dessen König hörig und gefügig zu machen. Um dann letzteren ins Jenseits zu befördern. Sodann als schrankenlos tyrannische Alleinherrscherin ihre Umgebung zu drangsalieren. Und an ihrem pathologischen Ehrgeiz noch erstickt wäre, wenn sie nicht zufällig in der Schlacht gefallen wäre. Die zwischendurch ihre berühmten Hängenden Gärten - eines der sieben antiken Weltwunder - anlegen läßt, doch ebensogut auch ihren königlichen Feind Lidoro als Hund an eine Mauerkette legen läßt. Eine Unikatsbündelung von Wildheit, Trotz, Raffinesse, Crudelität und Durchsetzungskraft! In der ein Schuldbewußtsein nicht einmal im Ansatz Platz greifen kann. In welcher Einsicht, Umkehr, Läuterung von vornherein ausgeblendet sind. Und als das Volk Semiramis von der königlichen Macntausübung ausschließen will, nur weil sie eine Frau ist, bekennt sie in seltener Selbstbespiegelung:

"Basilisken
Brennen mir im Auge, Nattern
Nagen wild in meinem Innern.
Ich ohne Herrschaft? Wut zerreißt mich!
Ohne Thron? Den Sinn verlier' ich.
Ätna bin ich, Glut gebärend!
Feuerberg, ausatmend Blitze!"

Goethe stufte sie milder ein, da "die Fabel sich rein menschlich erweist und ihr nicht mehr Dämonisches zugeteilt ist., als nötig war."

59. Aufopferung gegen Aufopferung.

Fincza contra fincza. - 1669. - Thessalien, Zypern. --

Aus Rache für das schreckliche Schicksal seines Vaters Aktäon will der zyprische König Amphion den Tempel der Arthemis in Thessalien einäschern. Die Priesterinnen flehen um den Erhalt des Tempels. Daraufhin befiehlt ihnen Amphion, eine Statue der Aphrodite aufzustellen und hinfort dieser zu opfern. Die den thessalischen, von Amphion gefangen gehaltenen Feldherrn Celaurus liebende Priesterin Doris protestiert gegen den Kultwechsel und wird im neuen Aphroditetempel eingeschlossen.

Die von Amphion begehrte Priesterin Ismela, die nur scheinbar dem bisherigen Dienst an Arthemis entsagt hat, schleudert die ihr verhaßte Aphrodite-Bildsäule in einen Abgrund.

Eine so ungeheure Freveltat will Zypernkönig Amphion sühnen. Da sich jedoch keine der Priesterinnen zu dem Verbrechen bekennt, rät der gefangene Celaurus, die Schuldige durch Auslosung zu bestimmen. Das Los aber fällt auf Doris, seine eigene Geliebte. Um sie zu retten, bekennt sich Celaurus selbst zu dem Frevel. Erst jetzt offenbart Ismela ihreTat und weist in jenen Abgrund, in den sie die Statue gestoßen.

Wende zum Guten: Cupido schwebt aus der Tiefe jener Schlucht herauf und verkündet, Aphrodite verzeihe der Ismela unter der Voraussetzung, daß sie den König Amphion heirate.

Schwächliche Handlung! Doch sie fordert an manchen Stellen musikalische Begleitung heraus. Die dann im Coliseo sicherlich auch erklungen sein wird.

60. Die drei großen Seltenheiten.

Los tres mayores prodigios. - Um 1632. - Kolchis, Kreta, Berg Oeta. --

Im I.Akt prahlt auf Kolchis Medea erst gegenüber Phryxus, danach gegenüber Jason mit ihren Zauberkünsten. Im II.Akt erweist sich Theseus auf Kreta als Feigling, nutzt die Hilfe der tapferen Ariadne aus und reitet statt mit ihr mit deren Schwester Phädra auf und davon. Sein Diener Pantuflo erheitert mittendrin die Theatergäste durch seine Albernheiten. Im III.Akt lobt zwar Herakles den Widerstand seiner Frau Dejanira gegen den sie heftig umwerbenden Nessus. Dennoch will er freiwillig den Flammentod sterben, da bei weiterem Verbund mit ihr sein Weltruhm bei den Menschen rundum Einbuße erleiden würde. Dejanira ihrerseits teilt seinen Scheiterhaufentod.

Die Madrider Hofbühne war bei diesem gedrittelten Festspiel ebenfalls dreigeteilt. Von links her tritt während der Loa in ihrer Blumenfülle Flora, von rechts her die Nymphe Palas auf. Beide appellieren an die Göttin der Nacht, die dann auf dem mittleren Bühnenteil heraustritt und für heiteren Spielverlauf sorgen will. Alle drei wenden sich nach der üblichen Lobpreisung des Königs Philipp IV. und seiner Königin Isabella mit gezielten Erklärungen an das geneigte Publikum.

Im Mittelraum treten Jason, Theseus und Herakles auf, wollen getrennt auf Suche in die Erdteile Europa, Asien und Afrika reisen und verlassen die Bühne durch jene drei Türen. Anschließend die Vorführung der drei Akte.

Am Schluß vereinigen sich alle Darsteller auf der Bühne, deren Dreiteilung nun aufgehoben wird. Gottvater Zeus wird auf dem Berge Oeta ein feierliches Gesamtopfer dargebracht.

61. Die Bildsäule des Prometheus.

La estatura de Prometeo. - Uraufführung 1670. - Kaukasus. --

Seinem Bruder Epimetheus führt Prometheus vor eine soeben von ihm gemeißelte Statue der Pallas Athene, die ihn dafür mit einem Sonnenstrahl von Apollos Wagen belohnt. Doch eine feindliche Göttin verlangt von Epimetheus, gerade diese Skulptur zu vernichten.

Den ihm geschenkten Sonnenstrahl vertraut Prometheus seiner Statue an, die Epimetheus nun zwar nicht zerstören, aber wegbringen will. Plötzlich verlebendigt sich jene Bildsäule und stellt sich dem überraschten Epimetheus als Pandora vor. Ihr wiederum drückt als Botin der Zwietracht die seitens der Pallas Athene herabgesandte Göttin Eris eine goldene Urne voller Unheil in die Hand.

Pandora weist den ihr nahenden Epimetheus zurück, während Prometheus unschlüssig vor der Statue verharrt. Nun bringt Eris den Epimetheus dazu, den Prometheus zu bekriegen, ihn schließlich sogar in den Kerker zu werfen. Doch da greift Apollo ein; er verläßt seinen Sonnenwagen und verwandelt den verhängnisvollen Inhalt jener goldenen Urne in Lichtstrahlen. Eris entflieht; Prometheus, der seinem Bruder den feindseligen Anschlag nachsieht, schließt Pandora in seine Arme. Lobgesang Aller auf die heilende Kraft des erneuerten Sonnenlichtes.

Allegorisches Durcheinander, das unterschiedliche Deutungen zuläßt. Vor allem um die Mädchengestalt Pandora, deren "Büchse" die Menschheit in fortgesetztes Unglück stürzt. Die hier jedoch Apollo als gute Lebensgefährtin mit Prometheus vereint. Ausgeblendet bleibt bei dieser Fiesta das weit bekannter gewordene Schicksal des Prometheus: der als Titane den Göttern das Feuer vom Olymp stiehlt und zur Strafe von Zeus an eine kaukasische Felswand gefesselt wird; wo ihm die nachts nachwachsende Leber tagsüber ein Adler weghackt. Bis ihn Herakles erlöst.

Eine so schaurige Fabel hätte natürlich nicht in das heitere Buen Retiro gepaßt, in welchem nach dem Tode Philipps IV. die Königinmutter Anna als Regentin für den noch minderjährigen Thronfolger Karl sich von Calderon eine repräsentativ freudenspendende Vorstellung für sich und ihren Hofstaat wünschen mußte.

62. Echo und Narziss.

Eco y Narciso. - 1661. - Arkadien. --

Der Windesgott Zephir entführt Liriope in eine Berghöhle, wo er sie von dem Seher Tiresias bewachen läßt. Dort zieht sie ihren wunderscnönen, infolge einer Vergewaltigung entstandenen Sohn Narziß auf, dem nach einer Weissagung dieses Tiresias sein blendendes Aussehen und außerdem eine fremde Stimme äußerst gefährlich werden können.

Herangewachsen trifft Narziß auf Echo, bewundert ihre herrliche Stimme, entzieht sich ihr jedoch auf Grund jener Weissagung. Auf seinem Rückweg beugt er sich zufällig über ein Bergwasser, erkennt in ihm erstmals sein Spiegelbild und verliebt sich in dessen Schönheit.

Um ihren Sohn jeder weiteren Gefahr zu entziehen, vergiftet Liriope Echos Stimme, die danach nur noch echohaft lallen kann. Die aufkeimende Liebe zwischen den beiden jungen Menschen findet dadurch ihr abruptes Ende, daß Echo luftförmig zum Himmel aufschwebt, während Narziß infolge eines Erdbebengrollens tot zu Boden stürzt. Ihm entsprießt an der gleichen Stelle eine Narzisse.

Fast tragisch zu nennen, daß bei Narziß über dem kristallenen Quellwasserspiegel in dem Moment Eigenliebe und Eigenlob erwachen, in welchem ihm das Einzige, was ihn davor bewahren kann - die Verzauberung durch Echo - dadurch genommen wird, daß Mutter Liriope deren wundergleiche Stimme verschattet. Aber auch Echo denaturiert in jenem anfangs so idealen Liebesbund, indem sie sich in sich steigernder Hörigkeit dem Willen des Narziß unterwirft.

Das Beste an dieser Fiesta: die streckenweise hymnische Pracht der Verse anläßlich der sie verzaubernden Erstbegegnung der beiden jungen Menschen. Daß in dem ansonsten recht handlungsarmen Festspiel schon dadurch begleitende cantable Musik gefordert wird, versteht sich bei lyrisch durchtränkten Passagen fast von selbst. Kein Wunder deshalb, wenn im nächsten Jahrhunder der Venezianer Gozzi diese Fiesta in einem eigenen Opernlibretto nachgestaltete.

Auch diesmal entnahm Calderon den Stoff Ovids Metamorphosen, deren III.Buch.

Aufgeführt wurde "Echo und Narziß" anläßlich des Geburtstags einer königlichen Prinzessin.

V. Fronleichnamsfestspiele

Im Jahre 1215 hatte Papst Innocenz III. auf dem 4.Laterankonzil die sogenannte Transsubstantationslehre zum Dogma erhoben. Durch priesterliche Konsekration wird seitdem im katholischen Raum die Realpräsenz des verklärten Jesus Christus im Herrenmahl bewirkt. Solche Vergegenwärtigung wird dadurch ermöglicht, daß die Substanz von Brot und Wein durch die Substanz von Leib und Blut Jesu Christi abgelöst wird. Wobei Brot und Wein lediglich in ihrer äußerlichen Erscheinungsform fortbestehen.

Visionen der Lütticher Ordensfrau Juliana lösten eine besondere Verehrung der Brot-Leib Christ-Verwandlung in der Gestalt der Hostie aus und führten dazu, diese geweihte Hostie zumeist in Monstranzeinfassung dem Volk auch außerhalb des Kirchenraumes zu zeigen. So bildeten sich Prozessionen, an deren Ende der konsekrierende Priester die Hostie unter einem Baldachin trug und den am Wegesrand Wartenden zeigte.

Dieses immer am Donnerstag nach dem Trinitatissonntag gefeierte Prozessionsfest ordnete Papst Urban IV. in seiner Bulle "Transiturus de hoc mundo" von 1264 verbindlich für die gesamte abendländische Kirche an.

Noch im Mittelalter schlossen sich hier und dort dem Prozessionsverlauf am gleichen Tag nach und nach Fronleichnamsspiele an, die inhaltlich um Gottes Menschwerdung, um das Passionsgeschehen, um Auftritte der Propheten und Apostel, vor allem aber um die Mysteriumsaura des Herrenmahles kreisten.

Als solche zusätzliche Festtagsgestaltung im Jahre 1311 durch weitere päpstliche Bulle bestätigt wurde, bildeten sich im Anschluß an die Fronleichnamsprozession spezifisch in Spanien sogenannte Autos Sacramentales heraus, die zumeist im Freien auf einer von Gerüstkarren umstellten Bühne stattfanden.

Im Laufe der Zeit verfestigten sich die zunächst etwas wildwüchsigen Spiele zu einer liturgisch durchsetzten kultischen Feier. Begleitzeremoniell wurde spätestens in dem Zeitpunkt kreiiert, in welchem der König bestimmte, daß das erste Fronleichnamsspiel in seinem Palast vor ihm und seinem Hofstaat stattzufinden hätte. Erst danach wurde es für die Bevölkerung auf den öffentlichen Plätzen von Madrid und anderswo freigegeben. Die alsbald volksfestähnlichen Vorstellungen nach Mittagsmahl und Siesta konnten sich dann auch diejenigen Menschen ansehen, die das Hochamt am Vormittag nicht besucht hatten oder wegen Überfüllung der Kirchenräume nicht besuchen konnten. Ein solches Spiel durfte auch wiederholt werden. Die einschlägigen hohen finanziellen Kosten am Fronleichnamstag trugen Kirche, Hof und Stadt gemeinsam.

Bereits vor Calderons Auftreten waren Geistliche Schauspiele von einiger Bedeutung niedergeschrieben worden. Lope de Vegas (1622) "Lo Fingido Verdadero" (- "Spiel wird Wahrheit") präsentierte beispielsweise die Schicksalswende im Leben des heiligen Genesius, der in einer Theatertruppe vor dem heidnischen Kaiser Diokletian als eifersüchtiger Liebhaber auftritt, dabei von der Frohen Botschaft Jesu Christi ergriffen wird, sich taufen läßt und deshalb als Märtyrer stirbt. Oder Tirso de Molinas "El Condendo por Desconfiado" (= "Der wegen Mißtrauens Verurteilte") , der einen büßenden Einsiedler zum seine Umwelt terrorisierenden Räuberhauptmann absteigen, einen anderen Einsiedler hingegen als bereuenden, sich demütig läuternden Sünder in Gottes barmherzigen Armen erlösen läßt.

Calderon soll an die 400 Autos verfaßt haben; etwa 70 davon haben sich erhalten. Er führte sie dank seines Phantasiereichtumes in ihre Blütezeit. Etwa seit 1637, regelmäßig seit 1644, fast ausschließlich seit seiner Priesterweihe 1651 hat er sich bemüht, das Fronleichnamsspiel durch theologisches Glaubensgut, philosophische Ingredienzien und tiefsinnige Überlegungen anzureichern. Innerhalb des katholischen Glaubensgebäudes hat er nie eigene, auch nur leicht abweichende Überzeugungen zu propagieren versucht, sondern immer strikt die Auffassung der Kirche vertreten. Als einem geweihten spanischen Priester dürfte ihm das auch nicht sonderlich schwer gefallen sein.

In unterschiedlicher Dosierung weist Calderon in seinen sacralen Festspielen zutreffend auf das Spannungsfeld hin, in welchem der Mensch zwischen dem Sündenfall Adams und Evas - Erbsünde - und seiner Erlösung durch Jesu Christi Begnadigungsmöglichkeit steht. Der Weg zum Erlöstwerden wird hauptsächlich durch die Sakramente und durch vermittelnde Kirchenfunktionäre gekennzeichnet. Der Mensch kann die barmherzige Gnade Gottes erlangen, sofern er nur will. Hält er sich an die kirchlichen Gebote und Leitlinien, so darf er begründet hoffen. Und einen solchen optimistischen Schub bescheren ihm ganz eindeutig jene Fronleichnamsfestspiele. In denen sich ebenfalls der Sinn des Kreuzes in der eucharistischen Herrenmahlshostie besonders eindringlich offenbart. Und so verfolgt denn der Durchschnittszuschauer an jenem Festtag gespannt die dämonische Auseinandersetzung zwischen Jesus Christus und Teufel/Satan/Luzifer vor pompös aufgerichteten Kulissen mit gelegentlich lautstark offeriertem Knallfeuerwerk.

Seine Autos Sacramentales läßt Calderon zumeist mit der Begnadigung des Menschen zum Ewigen Leben enden, seltener mit dessen Verdammnis zum Ewigen Tod. Das widerstreitet freilich total der unmißverständlichen Aussage des Herrn der Kirche am Ende seiner Bergpredigt im Matthäusevangelium Kapitel 7, Vers 13/14: "Gehet ein durch die enge Pforte! Denn die Pforte ist weit und der Weg ist breit, der zur Verdammnis abführet; und ihrer sind Viele, die darauf wandeln. Und die Pforte ist eng, und der Weg ist schmal, der zum Leben führet; und wenige sind ihrer die ihn finden."

Damals bewegte Calderon und seine theologischen Mitstreiter besonders die Frage, in welchem Verhältnis die menschliche Entscheidungsfreiheit in ihrer Sündenverstrickung zu Gottes Gnadenangebot stehe. Die Thomisten, ganz gewiß keine Anhänger einer Prädestinationslehre, verneinten eine völlige Willensfreiheit. Die Molinisten hingegen, denen sich auch Calderon anschloß, bejahten sie; kraft seines freien Willensentscheides verwandle der Mensch Gottes Gnade in die ihn rettende Erlösungskraft. Luthers "De servo arbitrio" war Calderon höchstwahrscheinlich nicht ins Visier geraten.

Mit seiner Kirchenorganisation war sich Calderon in einer Maxime völlig einig: ein Fronleichnamsspiel sollte nicht einzelne auserwählte Zuschauer beeindrucken, sondern die Gesamtheit der Gläubigen am Ort, alle Volksschichten ohne soziale Unterschiede. Menschenmenge sollte in Massenveranstaltung erreicht werden. Wobei das Individuum in solcher Gemeinschaft total untergeht. Handelndes Subjekt ist es ohnehin nicht, sondern Objekt in einem bunt zusammengewürfelten Zuschauerpanorama.

Das von der Bühne her zu Verkündende hat klar zu sein, eindeutig, unmißverständlich, von der kirchlichen Kontrolle im voraus abgesegnet. Doch ebenso unwidersprochen bleibt die Hauptaufgabe eines Fronleichnamsspieles; weit mehr als durch das Wort soll es durch das Bild auf die Menschen einwirken und sie dadurch mittelbar auf die zentrale Rettungsmächtigkeit der sichtbaren Hostie des Herrenmahles einschwören.

Der Vorrang des Sehens vor dem Hören widerstreitet freilich dem Willen des Herrn der Kirche. So bewegend seine Worte an seine Jünger anläßlich des letzten gemeinsamen Mahles am Abend vor dem Hinrichtungstag, dem heutigen Gründonnerstag , auch gewesen sind, Brot und Wein bei jenem zu wiederholenden Gedächtnismahl erschöpfen nicht das, was Jesus Christus insgesamt bewirken wollte. In ihm wurde Gott Mensch für einen begrenzten Zeitraum deshalb, um seine Frohe Botschaft zu verkünden, gleichwertig im zeichenfreien wie im zeichenhaften Wort. Um diese Verkündigung sollte sich eine gläubige Gemeinde noch zu seinen Lebzeiten bilden, sich gründen, um sich in seine Nachfolge zu begeben. Ihm folgen durch den irdischen Tod hindurch vor seinen himmlischen Thron, wo der Erlöser die ihm wahrhaftig Nachfolgenden zum Ewigen Leben begnadigt. Doch immer ist es das Ohr und nicht das Auge als Empfangsorgan für jene Botschaft. Nach Christi Auferstehung gespeichert in der Heiligen Schrift.

Betrachtet man jedoch die spanischen Fronleichnamsfestspiele unter dem Blickwinkel von Pädagogik und Psychologie, so ist der Primat des Optischen gerechtfertigt. Das sinnenhafte - oft genug durch Einführung von Allegorieen geschärfte - Bild wirkt nun einmal viel intensiver als das geistige Wort auf den Durchschnittsmenschen ein. Mittels der Autos Sacramentales vermochten die Priester mittelbar noch wirkungsmächtiger als ohnehin schon die Menschen im Glauben an den eucharistischen Christus in der Hostie zu unterweisen, zu belehren, zu überreden und überzeugen, zu missionieren und zu indoktrinieren. So bezeichnet denn Calderon selbst nicht zu Unrecht seine Festspiele als "in Versform verfaßte Predigten".

Im allgemeinen war der Inhalt eines solchen Fronleichnamsspieles Calderons vorgegeben durch die biblischen Bücher und Evangelien. Allerdings tritt in bewußter Abgrenzung zur früheren Mysterienbühne und zu den vormaligen Passionsspielen Jesus Christus niemals als historische Person auf. Eher schon Mutter Maria, obwohl deren Immaculata-Dogma erst zwei Jahrhunderte später verkündet wird. Doch den Herzen der Spanier stand sie ohnehin näher als der Schöpfer des ersten trinitarischen Credoartikels. Daß sich in dem für Toledo verfaßten Fronleichnamsspiel "La humildad coronada de las plantas" Pflanzen wie Eiche; Ölbaum, Dornbusch, Weizenähre und Mandelbaum an einem angeblich von Gott inszenierten Wettkampf teilnahmen, blieb Ausnahme. Wohler dürfte sich da Calderon beim Zugriff auf Heiligenlegenden gefühlt haben, auf festumrissene Märtyrerschicksale aus der Frühzeit des Christentums noch vor der Zeit des Kaisers Konstantin. Der Dichter scheute sich auch nicht vor Anleihen am Sagengut der griechischen Mythologie. Vor allem dann nicht, wenn sich Affinitäten zwischen christlichen und heidnischen Stoffen anboten. Dabei störte ihn nicht, daß letztere ihm unmöglich eine Vollwahrheit zu präsentieren vermochten. Doch konnte beispielsweise Orpheus nach einer Lehrzeit bei Moses zum Propheten avancieren und seine Leier in Christi Kreuz aufgehen lassen. Seinem eigenen Schauspiel "Über allem Zauber Liebe" entnahm er das Schicksal von Odysseus und Circe und brachte es in einem späteren Auto Sacramental "Der Sünde Zauberei" unter. Noch kurz vor seinem Tod modelte Calderon den antikmythischen Bericht von Perseus und Andromeda in ein christliches Lehrstück um. Die Fragwürdigkeit solcher Klitterungen liegt auf der Hand.

Auch hier, nicht nur im Rahmen der antikmythologischen Festspiele vor König und Hofstaat, hat Calderon die Musik in die Vorführungen einbezogen. Natürlich "geistige" und keine "sinnliche" Musik. Biblische Hymnen und Psalmen wurden Sängern anvertraut. Bei Einwürfen aus der himmlischen Sphäre ließ sich mitunter ein unsichtbarer Chor vernehmen. In diesem Festspiel war die Antiphonie "Salve Regina", in jenem der Hymnus "Ave maris stella", in einem dritten ein "Te deum laudamus" zu hören. In dem die Bekehrung des hl. Augustinus betreffenden Fronleichnamsspiel "El sacro parnaso" stimmt die "Allegorie der Musik" höchsteigen ein Preislied auf sich selbst an. - Tänze und Balletteinlagen, sich von spanischer Volkskunst nährend, fehlten auch hier nicht.

Die Aufführung eines Fronleichnamsfestspieles am königlichen Hof bot wahrscheinlich aufwendigere, aber auch sublimere Kulissenpracht. Danach ging es draußen auf den Straßen wesentlich groß- und grobflächiger, robuster zu. Des mehrfachen Platzwechsels wegen mußte das Ausstattungsgut dennoch beweglich sein. Mit Ochsenkarrentürmen wurde die schnell zusammengehämmerte Bühne, das Tablado, umstellt. In jenen Carros waren die Materialien für Burgen, Paläste, Gärten, für Himmel und Hölle, Maschinen für Sturm, Erdbeben, Blitz und Donner, räumlich darunter die Umkleidekabinen für die Schauspieler(innen) untergebracht. Dekorationsvorhänge durften nicht fehlen, vor allem nicht im Bühnenhintergrund. Notfalls ließen sich Nebenbühnen einrichten. Überraschender Kulissenwechsel wie auf den Carros; für das gaffende Volk fast das Wichtigste vom ganzen Spiel.

Während jenes Siglo de Oro blieben gesellschaftliche Auflösungserscheinungen inmitten des spanischen Volkes angesichts seiner stabilen Ständeordnung aus. Man war allgemein von nationalem Stolz erfüllt. Das Land hatte seine staatliche Einheit gewonnen. Moslems und Juden waren von der iberischen Halbinsel vertrieben. Lateinamerika war mit seinen noch unschätzbaren wirtschaftlichen Möglichkeiten entdeckt worden; man begann zu kolonisieren. Etwaige kirchlich-reformatorische Regungen nahm die gegenreformatorische Inquisition fest in den Griff. Und wenn die Funktionsträger der Kirchenorganisation Glaubensdefizite zu erkennen glaubten, half notfalls das Schüren der Angst vor Hölle und Fegefeuer nach, mit untrüglichem Erfolg.

Die Spanier lebten in einem geschlossenen Weltbild und befanden sich nun gleichwohl während des 17.Jahrhunderts bereits im Abwind. Es wäre verfehlt, deshalb dem Siglo de Oro eine kulturelle Scheinblüte attestieren zu wollen, doch es gibt schon zu denken, daß spätestens bei Calderons Tod der Verfall jener Autos Sacramentales einsetzte.

Calderons Werke dieser Gattung können auf keine Wiederauferstehung hoffen. Nicht nur wegen des in ganz Europa eingetretenen Glaubensschwundes. Von ganz wenigen Ausnahmen abgesehen passen sie weder vom Thema noch von ihrer Durchgestaltung her auf eine Bühne heutiger Zeit. Sie wirken eher wie störende Fremdkörper. Und waren doch das dichterische Herz des Dramatikers Calderon gewesen.

In manchen Fällen läßt sich nicht mehr ins Nachhinein einwandfrei feststellen, welche Autos Sacramentales originär als solche gedichtet, und wieviele Heiligenlegenden später in solche umgewandelt worden sind.

63. Die Andacht zum Kreuz.

La devocion de la cruz. - Erstdruck 1635. – Siena. --

Erst im Verlaufe dieses Geistlichen Schauspieles erfährt der Zuschauer die Vorgeschichte: Adelsmann Curcio aus Siena findet bei seiner Rückkehr von seiner Reise nach Rom seine Frau im hochschwangeren Zustand vor, dichtet ihr Ehebruch an und verbringt sie ins Gebirge. Ungeachtet deren Unschuldsbeteuerungen will er sie töten. Doch das gelingt ihm nicht, weil sie ein Kreuz umklammert. Am nächsten Tag trägt sie ihm ein neugeborenes weibliches Zwillingskind entgegen mit einem Kreuzesmal auf der Brust; das männliche Zwillingskind habe sie am Kreuz zurücklassen müssen. Dieses, ebenfalls mit einem Kreuzesmal stigmatisiert, wird von Hirten gefunden und aufgezogen. Curcio hat noch einen anderen Sohn Namens Lisardo. Also sind Julia, Eusebio und Lisardo Geschwister, doch keines weiß davon.

Eusebio verliebt sich in seine Zwillingsschwester. Lisardo will deren Ehrverletzung rächen und fordert ihn zum Duell. In demselben fällt Lisardo. Curcio steckt seine Tochter Julia ins Kloster.

Danach entwickelt sich Eusebio zum mordlüsternen Räuberhauptmann. Überfällt arglose Menschen. Dabei entgeht der Priester Albert dem Tode nur dadurch, daß die auf ihn abgefeuerte Kugel in seinem Andachtsbuch vor einem eingezeichneten Kreuz stecken bleibt; Eusebio verschont Alberto gegen die Zusage, ihm in der Todesstunde die Beichte abzunehmen. Im weiteren Verlauf kommt Eusebio auf die Idee, die immer noch geliebte Julia aus ihrer Klosterzelle zu befreien. Er findet sie, bestürmt sie leidenschaftlich, läßt aber von ihr in dem Moment ab, in dem er das Kreuzeszeichen auf ihrer Brust erkennt. Auf seiner Flucht zurück fällt Eusebio auch noch von der zuvor an die Klostermauer angelegten Leiter.

Daraufhin flüchtet Julia aus ihrem Kloster mit Hilfe jener Leiter, verkleidet sich als Räuber und bringt als solcher mehrere Menschen um. Schließlich stößt sie zu Eusebios Räuberbande und will sich mit ihm duellieren. Als er sie erkennt, schickt er sie ins Kloster zurück.

Jetzt greifen Curcio und seine Leute die ihre Gegend verunsichernde Räuberbande an. Im Verlaufe eines Duells Curcio-Eusebio stürzt letzterer über einen Felsenabhang hinunter und schlägt genau auf der Stelle seiner Geburt auf. Curcio erkennt den Platz wieder; an dem die von ihm verstoßene

Frau ihre Zwillinge zur Welt brachte. Er sieht auch Eusebios Brustkreuzesmal und identifiziert ihn als seinen Sohn. Der Sterbende ruft nach Alberto. Der kommt und ruft ihn ins Leben zurück. Eusebio legt vor ihm die Beichte ab und fällt danach definitiv tot um.

Jetzt tritt Julia auf und bekennt alle ihre Verbrechen. Aus Gründen der Ehrenrache will Vater Curcio sie wutentbrannt erdolchen. Doch sie umarmt den Kruzifixus, der mit ihr gen Himmel schwebt.

Ein Mix aus Räubergeschichte und Heiligenlegende! Aus Spaß und Ernst! Ein Zusammenzwängen von Ehrenkodex und Barmherziger Liebe! Einige Gemüter mögen das hochinteressant finden und deshalb Calderon noch mehr als ohnehin bewundern.

Im Mittelpunkt steht das segenstiftende Kreuz, Symbol des christlichen Glaubens schlechthin. Es beschattet Geburt und Tod der sich liebenden Zwillinge, ziert ihre Brustwand, verhindert einen Inzest zwischen ihnen, verschont bei Blitzeinschlag, rettet als kreuzförmiger Balken ebenso wie als kreuzförmige Halsschnalle vor dem Ertrinken und Todesstoß, sogar als Bücherzeichen bei Alberto. Kreuz als Zeichen der Gnade von oben her, Sinnbild des Wunders schlechthin.

Mit Hilfe des Kreuzes bringt es Alberto sogar fertig, den Geist des toten Eusebio aus dem Jenseits zurückzuholen, auf daß der seine Beichte ablegen kann. Danach wird sein Geist wieder ins Jenseits abgeschoben.

Der Darsteller des Vaters Curcio tritt ganz zum Schluß an die Bühnenrampe und erklärt den Zuschauern nachdrücklich:

> "...und mit solchem Hohen Staunens Aufgebot. Schließt die Andacht zu dem Kreuz Glücklich hier der Dichter so."

Also glücklich auch noch darüber!

Mehrere Einschübe von biographischen Referaten verzögern den Ablauf. Nirgends stößt der Text - wie sonst so oft bei Calderon - in jene hymnischen Bereiche vor, die dann für andere Werkschwächen dichterisch entschädigen.

Dennoch: das Werk beeindruckte die Generation der frühen deutschen Romantiker ungewöhnlich und begünstigte die anschließende, wenn auch verhaltene Calderon-Rezeption.

Das Stück sollte zutreffender betitelt werden: "Die Kreuzeswunder".

64. Das Fegefeuer des Patrizius.

El purgatorio de San Patricio. - Erstdruck 1635. - Irland. --

Dem heidnischen König Egerius von Irland werden zwei gefangene, sehr unterschiedliche Christen vorgeführt: der jeden Verbrechenfrevels fähige Ludovicus und der gottesfürchtige Patrizius. Letzterer wird vom König zu Zwangsarbeit verdonnert wegen seiner Prognose, des Königs Töchter Polonia und Lesbra würden sich eines Tages zum christlichen Glauben bekehren.

Im Haus des Bauern Paulin und seiner Frau erhält Patrizius seitens einer Engelserscheinung die Missionsaufforderung, Irland zu christianisieren. Dazu soll er sich zuvor vom Papst in Rom instruieren lassen.

Drei Jahre später läßt König Egerius den Ludovicus ins Gefängnis werfen. Doch die ihn liebende Königstochter Polonia befreit ihn. Zum Dank dafür tötet er seine Retterin und entflieht. Mit Hilfe eines inbrünstigen Gebetes erweckt Patrizius die Polonia wieder zum Leben und führt Egerius vor eine Höhle: betrete er diese büßend, genieße er den Vorzug des reinigenden Fegefeuers; betrete er sie unbußfertig, verfalle er dem Tod. Der König, in letzterem Zustand, versinkt prompt in der Höhle.

Nach dem Tode des Patrizius wird das inzwischen christianisierte Irland von des Egerius' Tochter Lesbra regiert. Ludovicus streunt in der Gegend herum, um einen früheren Feind aufzuspüren. Endlich trifft er auf eine Verhüllte. Der reißt er die Hülle ab und erblickt ein Totengerippe, das sich ihm mit den Worten "Ich bin Ludovicus" vorstellt. Der zu Tode Erschrockene erfleht von Gott sein Seelenheil. Eine Stimme von oben ruft herunter "Fegefeuer". Auf dem Wege zur Egeriushöhle trifft Ludovicus auf Polonia als Einsiedlerin, die ihm verzeiht, sowie auf Königin Lesbra, deren Schwester. Denen berichtet er: er sei durch die Schrecken der Hölle, die Läuterungen des Fegefeuers gegangen, um an der Pforte zum Himmel auf Patrizius zu treffen. Und der habe ihm zu seinem Bußreinigungsprozeß herzlich gratuliert.

Wiederum: von der Schlechtigkeit unter den Menschen befreie die in Patrizius personifizierte Barmherzige Liebe. Den ehrlich suchenden Sünder nehme die Gnade in ihrem Erlösungsbereich auf.

Das Ganze ist wenig überzeugend, auch nicht frei von Lächerlichkeiten. An sich ist die Tendenz des Stückes eindeutig; die Gestalten wirken gleichwohl mehr oder weniger verschwommen. Der historische, in Schottland geborene Patrizius besuchte im 4.Jahrhundert n.Chr. mehrfach Irland.

65. Der standhafte Prinz.

El principe constante. - Uraufführung 1625. - Erstdruck 1635. - Portugal, Marokko.

Konsul Marcus Atilius Regulus an der Spitze der römischen Streitmacht obsiegt während des Ersten Punischen Krieges (264-241 v.Chr.) in der sizilianischen Seeschlacht von Eknomos gegen die Karthager, Roms gefährlichste Konkurrenten um die Vorherrschaft; im Mittelmeerraum. Doch wird er auf dem Boden Nordafrikas infolge Unvorsichtigkeit gefangen genommen. Um einen für sie günstigen Frieden zu erzwingen, schicken die Karthager eine hochrangige Gesandtschaft nach Rom, die den Konsul Regulus mit sich führt. Die Römer lehnen deren Friedensangebot als für sie viel zu nachteilig ab. Daraufhin lassen die Karthager Regulus im römischen Senat ans Rednerpult treten in der Hoffnung, er werde in ihrem Sinne auf die Senatoren gegen Rückgewinnung seiner persönlichen Freiheit einwirken. Doch der plädiert wider alle Erwartungen für die konsequente Fortführung des Krieges und die totale Zerstrümmerung Karthagos. Und dorthin will er anschließend mit der Gesandtschaft auch wieder zurückkehren. Weder die Bereitschaft römischer Priester, sein in Gefangenschaft dem Feind gegebenes Ehrenwort durch Opferdarbietungen all die Götter zu lösen, noch die Tränen seiner Frau und seiner Kinder können Regulus von seinem Versprechen abbringen, nach Karthago zurückzukehren, sollte der von dort erhoffte Friedensschluß nicht zustande kommen. Niemals dürfe ein römischer Konsul sein Wort brechen; das gebiete die Ehre Roms. Nur dann lasse sich dessen Weltherrschaftsanspruch ethisch begründen. Und Regulus verabschiedet sich von seinen Römern und fährt mit der Gesellschaft nach Karthago zurück, wo er sich selbst entleibt.

Der nicht nur geschichten-, sondern auch geschichtskundige Calderon mußte aufmerken, als er auf seiner Stoffsuche auf ein dem Konsul Marcus Atilius Regulus fast paralleles Schicksal stieß, das er zum christlichen Martyrium hin verbrämen konnte.

In den Jahren um 1440 bekriegen sich die Könige von Portugal und von Fez (Marokko) besonders heftig. In einem Gefecht unterliegen die Portugiesen. Die Mauren fordern den für sie besonders wichtigen Stützpunkt Ceuta zurück. Erst nach dessen Herausgabe seien sie gewillt, den im Kampf gefangen genommenen Bruder des Königs, den Prinzen Fernando, freizuge ben.

Die portugiesischen Stände lehnen jedoch eine Herausgabe Ceutas ab. Daraufhin ordnet der König von Fez strenge Haft für den Prinzen an, mit dem Wesir Muley als dessen verantwortlichen Bewacher.

Das stürzt Muley in einen kaum lösbaren Konflikt. Denn vormals hatte ihn der Prinz aus portugiesischer Gefangenschaft in seine Heimat entlassen. Ihm gegenüber hatte er darüber geklagt, daß die von ihm geliebte Königstochter Phönix einen marokkanischen König heiraten solle, was er unbedingt verhindern müsse. Und jetzt muß Muley ausgerechnet den bewachen, dem er zu großen Dank verpflichtet ist; andererseits bindet ihn die Treue zu seinem König an das ihm unwürdig erscheinende Wächteramt. Doch Fernando beruhigt ihn: auch anläßlich etwaiger Befreiungsversuche werde er aus eigenem Entschluß in seiner maurischen Gefängniszelle bleiben.

Es geht dem Prinzen nicht in erster Linie darum, daß seinetwegen das christliche Ceuta in moslemische Hand fällt oder nicht fäll. Er will vielmehr unter den Mauren ein beeindruckendes Zeichen standhaften christlichen Martyrertums setzen. Für ihn sei das irdische Leben lediglich eine zu erduldende Vergänglichkeit, der im Vollglauben ihn heimsuchende Tod der Aufstieg in die erlösende Ewigkeit, in das Gottesreich ewiger Freuden gemeinsam mit Jesus Christus. Daran scheitert auch eine von den beiderseitigen Potentaten ausgehandelte Infreiheitsetzung auf der Basis einer stolzen Lösegeldsumme. Ein Triumph des freien menschlichen Willens vor Gottes Gnadenthron.

"So ist's doch nur Trieb, mein Leben
In des Glaubens rechtem Schutze
Hinzugeben, Gott zum Opfer,
Bietend Leib und Seel' im Bunde."

An solcher Treue gegenüber sich selbst wie auch gegenüber seinem trinitarischen Gott muß der wutschäumende König von Fez scheitern: "Ich will sehen, ob dein Dulden weiter reicht als meine Strenge."

Nach einem abermaligem Siege der Portugiesen über die Mauren werden gefangen genommene maurische Hochrangige gegen die Leiche des Prinzen Fernando unter den Mauern von Fez ausgetauscht.

Seinen rein dichterischen Höhepunkt findet das Stück in dem Dialog zwischen der schönen, melancholischen Phönix und dem Prinzen im II.Akt, in welchem der zur Resignation gedrängte Fernando sich seinen Liebesverzicht abzwingt.

Eine Parallele zu Regulus: der Konsul opfert sich für Größe und Ehre des heidnischen Roms; Prinz Fernando für Größe und Ehre des christlichen Roms. Im Jahre 1470 hat Papst Paul II. den 1443 in maurischer Haft Heimgegangen heiliggesprochen.

Goethe sprach das dramatisierte Schicksal des standhaften, zuletzt auf einem Misthaufen krepierenden portugiesischen Prinzen sehr an: "Wenn die Poesie ganz von der Welt verloren ginge" – so unter dem 28.1.1804 an Schiller -, "so könnte man sie aus diesem Stück wieder herstellen.". Und so führte er denn später am 30.10.1811 das Stück in der 1809 veröffentlichten Übersetzung von August Wilhelm Schlegel im Weimarer Hoftheater auf.

66. Der wundertätige Zauberer.

El magico prodigioso. - Uraufführung 1637. - Antiochia. --

Mit dem als Philosophen verkappten, als Kaufmann verkleideten Teufel streitet sich der gelehrte Cyprianus über die rechte Gottessuche. Um den Gelehrten davon abzulenken, bringt der Teufel ihn mit zwei jungen Männern Laetius und Florus zusammen, die sich voller Eifersucht um eine betont keusche Dame duellieren. So gerät Cyprianus an Justina, in die nun auch er sich schnell verliebt, die auch ihn bestimmt zurückweist.

In seiner Verzweiflung darob bietet er dem Teufel seine Seele an, wenn er ihm im Gegenzug Justinas Gunst verschaffe. Der Teufel akzeptiert die Offerte. Beide schließen einen entsprechenden Vertrag, den Cyprianus mit seinem ,Blut unterschreibt. Daraufhin führt ihn der Teufel in eine Grotte, um ihn dort in die Beherrschung magischer Kräfte einzuüben.

Während Cyprianus die Magie handhaben lernt, erweckt der Teufel im Leib der Justina wollüstige Triebe. Doch die fleht Gott um Hilfe an und sucht eine nahe christliche Gemeinde in deren Katakombenkirche auf.

Mittels magischer Beschwörung will Cyprianus die Justina anlocken. Sie erscheint ihm als Phantom. Als er sie umarmen will, enthüllt es sich ihm als Totengerippe. Nach dessen Entschwinden treibt er den Teufel zu dem Geständnis, der trinitarische Christengott beschütze Justina. Daraufhin will sich auch Cyprianus diesem Gott zuwenden.

Unter dem römischen Kaiser Decius finden die grausamsten Christenverfolgungen statt. Auf Befehl des zuständigen Ortsgouverneurs wird auch Justina verhaftet und zum Flammentod verurteilt. Da stürzt Cyprianus hervor und preist in aller Öffentlichkeit den Christengott als den Rettungsanker der Menschheit. Jetzt wendet sich ihm Justina zu. Beide erleiden gemeinsam freudig den Märtyrertod. Danach verkündet auf Gottes Befehl hin der Teufel den Menschen die Entsühnung, Errettung und Himmelsaufnahme des heiligen Paares.

Sofort ins Auge fällt die Affinität zur deutschen Faustaussage, zu Goethes Pakt zwischen Faust und Mephistopheles. Unterschriftsleistung mit Eigenblut. Doch die vereinbarte Gegenleistung ist unterschiedlich: Faust erwartet Befriedigung seines unersättlichen Wissensdranges, Cyprianus den Besitz eines schönen Mädchens. Cyprians "verworrene Triebe" liefern ihn im II.Akt dem Teufel aus:

"Daß ich ihm, da Qual und Pein
Schon mich rettungslos umschließen,
Gäb', um dies Weib zu genießen,
Meine Seele."

Der ironisch:

"Labe denn dich am Verlangen,
Wenn ich's nicht dir tilgen konnte."

Im III. Akt ringen Beide miteinander:

Teufel: "Sollst in meinen Armen als ein Leichnam mir verstummen."

Cyprian: "Großer Gott der Christen, höre, wie in meiner Angst ich rufe."

Sicherlich darf auch der spanische Mephisto von sich sagen, er sei "ein Teil von jener Kraft , die stets das Böse will und stets das Gute schafft." Denn ohne ihn hätte Cyprianus seine Entwicklung vom Stubengelehrten über den leidenschaftlichen Liebhaber zum gottergebenen Märtyrer nicht geschafft. Und er wie Goethes Faust landen am Ende zumindest im himmlischen Vorhof.

Dennoch klaffen Beider Schicksale von der Konzeption her weit auseinander. Cyprians Los wird letztendlich vom christlichen Glauben her bestimmt. Goethes Faust bleibt wie sein Autor Heide/Neuheide bis zuletzt. Dem steht die Erscheinung der Mater Gloriosa am Ende nicht entgegen, wie sich zusätzlich aus einer Bemerkung des Dichterfürsten gegenüber Eckermann ergibt: "Übrigens werden Sie zugeben, daß der Schluß, wo es mit der geretteten Seele nach oben geht, sehr schwer zu machen war, und daß ich bei so übersinnlichen, kaum zu ahnenden Dingen mich sehr leicht im Vagen hätte verlieren können, wenn ich nicht meinen poetischen Intentionen durch die scharf umrissenen christlich-kirchlichen Figuren und Vorstellungen eine wohltätig beschränkende Form und Festigkeit gegeben hätte." Der Hauptunterschied erweist sich bei den Adressaten: Goethe wendet sich mit seinem Faust an ein durch die Aufklärung hindurchgegangenes Bildungsbürgertum, Calderon an eine Fronleichnalsfest-Volksmenge, bei der er mittels Cyprianus und Justina den Glauben an die Gnade Gottes und die Treue zu der dieselbe vermittelnden, allgegenwärtigen Kircheninstitution befestigen will.

So bleibt denn auch nach Calderons Lektüre ein - wenn auch begrenzter - zwiespältiger Eindruck zurück: Teufelspakt und Märtyrerlaufbahn unbedingt in Eines zu zwängen.

Vom Poetischen her sind auch diesmal die Schilderungen der Liebesempfindungen besonders zu loben. Die Gestalt der sich selbst treu bleibenden Justina umgibt ein hymnischer Glanz eigener Art. Unvergeßlich die an den Enttäuschten gerichteten Worte von ihrer entschwindenden Geistererscheinung zuletzt:

"Also, Cyprianus, geht
Aller Glanz der Welt zugrunde."

Sic transit gloria mundi!

Der historische Cyprianus wurde als christlicher Märtyrer im Jahre 290 n.Chr. enthauptet. Calderon verfasste sein Auto Sacramental für das Fronleichnamsfest 1637 in der toledanischen Kleinstadt Yespes. Eine Zweitfassung veröffentlichte er im Jahr 1663.

Goethe bekannte: "Im wundervollen Magus ist das Sujet vom Doktor Faust mit einer unglaublichen Großheit behandelt."

67. Die Kreuzeserhebung.

La exaltacion de la cruz. – 1642, Erstdruck 1652. – Konstantinopel, Babylon

Den persischen Prinzen Siroes und Meinardus zeigt der Magier Anastasius in einem Zauberspiegel den Einzug ihres Vaters, des Königs Chosroes, in Jerusalem. Alsbald wird Anastasius persischer Soldat. Ihm vertraut der König den in Jerusalem verhafteten Patriarchen Zacharias als Staatsgefangenen an; den soll er zum Heidentum bekehren. Das aus Jerusalem ebenfalls mitgenommene Kreuz wird in einem Jupitertempel Babylons aufgestellt.

Zu dem oströmischen Kaiser Heraklius stößt die aus ihrem Land ihres christlichen Glaubens wegen vertriebene Clodomira, Königin von Gaza, und meldet ihm die persische Einnahme Jerusalems und den Kreuzesraub. Daraufhin rüstet Heraklius gegen den Perserkönig Chosroes. In der Schlacht jedoch besiegen die Perser die Griechen und nehmen die in deren Reihen kämpfende Clodomira gefangen. Chosroes, dem Athanasius in der Schlacht das Leben rettete, fordert die besiegten Gegner auf, dem christlichen Glauben abzuschwören. Unerwartet erdröhnen mächtige Erdbebenstöße; über den Christen zeigen sich Schutzengel mit feurigen Schwertern.

Wütend darüber, daß Athanasius nicht Zacharias zum Heidentum, sondern umgekehrt der Patriarch den Magier zum Christentum bekehrt hat, letzterer sich auch noch öffentlich zum neuen Glauben bekennt, lässt Perserkönig Chosroes Beide gemeinsam in den Kerker werfen. – Auf einen Verrat des Königssohnes Siroes hin befreien sich die griechischen Christen, überfallen ihrerseits die Perser, nehmen Chosroes gefangen und installieren Siroes als neuen Perserkönig. Patriarch und Heiligen Kreuz dürfen nach Jerusalem zurückkehren; dafür sorgen Kaiser Heraklius und seine Streitkräfte.

Diesen Triumph erlebt der in seine Grotte zurückgekehrte Anastasius visionär mit. Er, der ein ihm von Siroes angebotenes Staatsamt ablehnt, will in seiner Grotte auf einen gnädigen Tod in Christi Armen warten.

Als Finale wäre statt des musikangereicherten pompösen Einzugs des griechischen Kaisers in Jerusalem eine fundierte, sich dramatisch zuspitzende Auseinandersetzung zwischen Siroes und Athanasius sicherlich angezeigter gewesen. Auch sonst packt das Schicksal des Exmagiers Athanasius längst nicht so wie das des Exmagiers Cyprianus heutige Leser und – gegebenenfalls – Zuschauer.

Der historische Heraklius lebte von 610 bis 641. Im Jahre 615 erfolgte die Gefangennahme des Patriarchen und der Kreuzesraub in Jerusalem. Im Jahre 628 ließ Chosroes den historischen Märtyrer Anastasius, der als Magier zuvor Magundat hieß, hinrichten.

68. Die beiden Liebenden des Himmels.

Los dos amantes del cielo. – 1651. – Rom. --

Chrysanthius, der junge, zur Schwermut neigende Sohn des römischen Senatsvorsitzenden Polemius, brütet über dem Anfangskapitel des Johannesevangeliums. Sein Vater rät ihm, dieses sich auslegen zu lassen von dem in die Wüste sich zurückgezogenen, dem Christenglauben anhängenden Greis Karpophorus. Auf dem Wege dahin trifft der Jüngling auf anmutige Frauen im Minervahain und verliebt sich dabei in die schöne, narzissistische Daria. – Während seines Gespäches mit Karpophorus wird er in dessen Grotte unerwartet verhaftet.

Wieder im Palast seines Vaters wird Chrysanthius von Karpophorus aufgesucht, von ihm im Christenglauben unterwiesen und schließlich getauft. Doch solle er den Umgang mit jungen Frauen meiden.

Nun will Chrysanthius seinerseits die geliebte Daria zum Christentum bekehren. Plötzlich erschallt eine Stimme: "Seele, suche den, der aus Liebe zu dir gestorben ist!" Beide schauen sich um und erkennen den soeben enthaupteten Karpophorus. Über dessen Tod vermag Polemius seine Schadenfreude kaum zu verbergen. Doch als sich der Sohn und seine Daria ebenfalls zum christlichen Glauben bekennen, läßt er den Einen in den Kerker werfen, die Andere in ein Freudenhaus stecken.

Beide können sich schließlich befreien und entfliehen gemeinsam in die Grotte des Karpophorus. Dort stößt sie der haßerfüllte Polemius in einen Schacht, den er bis oben hin mit Schutt anfüllen läßt. Doch aus dem Grab in der Tiefe erschallt der Gesang der Liebenden, ihre Aufnahme in Gottes selige Gefilde bezeugend. Schreckenerregend vertreibt ein Engel den Polemius und seine Leute vom Grotteneingang.

Wieder einmal: Heide wird Christ und schließlich christlicher Märtyrer. Das war es wohl auch, was die Festspielzuschauer am Nachmittag von Fronleichnam zumeist erwarteten. Die originellsten Figuren geben die drei jungen Frauen im Minervahain ab: die geldversessene Nisida, die von Eitelkeit gezeichnete Cynthia und die mehr und mehr auf irdische Vorteile verzichtende, dem Heil in Jesus Christus sich öffnende Daria.

69. Die Ketten des Dämons.

Las cademas del Demonio. - 1651. - Armenien. –

Auf Grund einer Weissagung läßt der armenische König Polemon seine Tochter Irene in völliger Abgeschiedenheit aufziehen. Die jedoch will unter Menschen sein und wendet sich deshalb an Armeniens Oberdämon Astaroth, dem sie sich dafür ganz zu eigen geben will. Der demonstriert ihr seine Macht, indem er ihre Cousins schlägt: den Prinzen Zeuxis mit Blindheit, den Prinzen Licanor mit Taubstummheit. Betroffen betet der König vor Astaroths Tempelstatue um die Gesundung seiner Neffen. Solchem Ansinnen will der Dämon nur dann entsprechen, wenn der König seine Tochter in Freiheit setzt. Da tritt der das Land mit seinen Bußerufen überziehende Bartholomäus auf und vertreibt Astaroth aus seinem Tempelbildnis.

Während die Prinzen Zeuxis und Licanor um Irenes Hand anhalten, erscheint der Heilige vor König Polemon und schlägt ihm ein Streitgespräch zwischen ihm und Armeniens heidnischen Gelehrten in Astaroths Tempel vor. Darüber erstaunt der König, will jedoch dazu laden und als Richter fungieren. Vor jenem Gremium attackiert der Dämon, der sich in eine alte Wahrsagerin verwandelt hat, die Aussagen des trinitarischen Glaubensbekenntnisses entschieden. Solchen Angriff weist Batholomäus zurück und stürzt schließlich dessen Götzenbild um.

Dieser Vorfall spaltet die Armenier in Heiden und Christen, die von Licanor und Zeuxis angeführt werden. Aus der von Wahnsinn befallenen Prinzessin Irene vertreibt der Heilige den bösen Geist Astaroth ins Gebirge. Vereint mit Licanor und sogar ihrem königlichen Vater will Irene jetzt die christliche Missionierung in Armenien vorantreiben. Der heidnisch gebliebene Zeuxis nimmt Batholomäus gefangen. Doch der wird unter feierlichen Klängen auf hohem Thron vor König und Volk sichtbar, den gefesselten Astaroth zu seinen Füßen. Der muß fortan Irene für alle Ewigkeit preisgeben und rutscht in die Hölle hinab, während Batholomäus zum Himmel emporschwebt.

Die Handlung wirkt etwas dürftig und phantasielos, selbst im Gegeneinander von Dämon und Heiligem. Die Konstellation zu Handlungsbeginn wiederholt jene in dem symbolischen Schauspiel "Das Leben ein Traum": Aus Furcht vor der Erfüllung eines Orakelspruches läßt ein Herrscher seinen Nachwuchs weitab in abgeschirmter Einsamkeit großziehen.

70. Der weibliche Josef.

El Josef de las mugeres. - Erstdruck 1660. - Alexandria. --

Seinem Herrn Philippus, dem Statthalter von Alexandria, meldet Aurelius, Befehlshaber der Streitkräfte, die Vertreibung der Christen aus dem bewohnten Land bis in unwirtliche Gebirgsgegenden hinein. Anläßlich eines Duells mit einem Prinzen wird Aurelius getötet. Doch in seinen Leichnam fährt der Teufel und nimmt des Aurelius Gestalt an. Als solcher will er die Statthalterstocher Eugenia, öffentliche Lehrerin für Weltweisheit, in ihrer Wahrheitssuche desorientieren und ihre Erforschung christlicher Glaubensverkündigung durchkreuzen. Als nun Eugenia Vater und Bruder davon berichtet, Aurelius sei in einem Duell gefallen, hält man sie allgemein für wahnsinnig. Dem dämonisierten Aurelius dichtet man an, Eugenia verführen zu wollen und verfolgt ihn. Der springt in den Nil, nimmt Krokodilsgestalt an und verkündet Eugenias Versetzung unter die Götter.

Als auf kaiserlichen Befehl hin Christenverfolgungen im gesamten Römischen Reich betrieben werden, sucht Eugenia Zuflucht bei den Christen im Gebirge, die sie in Mönchsordenstracht aufnehmen. Als solche(r) wird sie von des Statthalters Soldaten aufgespürt und dem "Aurelius" vorgeführt, der seinerseits den wunderschönen Sklaven seiner Geliebten Melancia schenkt. Als diese ihn/sie heftig begehrt, flüchtet Eugenia.

Erneut aufgegriffen, bekennt sie gegenüber dem neuen Statthalter Cäsarenus ihren Glaubensübertritt zum Christentum und fiebert ihrem Martyrium entgegen. Doch ein Teil des Volkes verehrt sie und errichtet ihr sogar eine Tempelbildnisssäule. Die stürzt unter Donner und Blitz zusammen, als ihre vorübergehende Sklavenrolle ruchbar wird; dabei fällt die vom Blitz getroffene Melancia tot um. Der von Eugenias Reizen gleichwohl geblendete Cäsarenus will sie sogar ehelichen, falls sie dem christlichen Glauben abschwört; anderenfalls warte auf sie die Hinrichtung. Eugenia wählt die Märtyrerkrone. Als Cäsarenus wütend auf "Aurelius", der ihm jenes Alternativultimatum eingegeben hatte, einschlägt, trifft er auf einen zusammensackenden Leichnam, aus dem der Teufel hohnlachend entweicht. Den Klagelauten Melancias aus der Tiefe korrespondiert der Lobgesang Eugenias, die von Engeln himmelwärts getragen wird.

Die banalen Theatereffekte Calderons häufen sich hier derart, daß das christliche Martyrium ins Lächerliche gezogen erscheint. Der Leib des Aurelius, in den sich vorübergehend der Teufel als Mieter einnistet, die vom Bischof im Flug davongetragene Eugenia, die schnelle Verwandlung des "Aurelius" in ein Nilkrokodil, Eugenias in einen Mönch, dann in einen Sklaven, dann in eine Tempelstatue, plötzlich als Leiche, Melancias Abfahrt in die Hölle, Eugenias Auffahrt in den Himmel, das alles ist während eines Fronleichnamsfestspieles im Siglo de Oro seitens der damaligen Zuschauer vielleicht sogar in Hochstimmung verkraftet worden. Heute ließe sich der "Weibliche Josef" nur noch als hochkomisches Spektakel auf einer Drehbühne inszenieren, welche jene Gags auch technisch glaubhaft bewältigen könnte. Doch dies läge dann ganz gewiß nicht mehr in der Diktion und im Sinne Calderons.

71. Der Großfürst von Fez.

El gran principe de Fez. - 1669. - Marokko, Malta, Loreto. --

Als Heerführer seines Vaters, des König von Fez , gewinnt Muley Mahomet einen Krieg gegen Abdallah von Marokko, den er gefangen nehmen läßt. Der entbrennt in leidenschaftlicher Sehnsucht zu Muleys Frau Zara. Zum Dank für den errungenen Sieg tritt Muley eine Wallfahrtsreise nach Mekka an. Dabei wird er auf hoher See gefangen genommen und nach Malta gebracht, wo er unter der Obhut des Ordensadmirals Don Balthasar bleibt. Die Malteser senden einen Diplomaten nach Fez, um mit dessen König ein Lösegeld für die Freilassung seines Sohnes auszuhandeln. Solchen Handel lehnt Zara entschieden ab, doch Abdallah, der nicht Gefangener eines Gefangenen sein will, erbietet sich, das Lösegeld aus eigener Tasche aufzubringen.

Während seiner maltesischen Haftzeit vertieft sich Muley in eine Biographie des Ignatius von Loyola; durch sie gewinnt er einen Zugang zum christlichen Glauben. Der Diplomat kehrt aus Fez mit dem gezahlten Lösegeld zurück. Muleys Schiff darf Richtung Mekka auslaufen. Als es auf hoher See von peitschenden Sturmwellen geschüttelt wird, ruft Muley in seiner Not die Jungfrau Maria an. Die erscheint auch tatsächlich und gebietet ihm, nach Malta zurückzukehren. Dort läßt sich Muley taufen auf den Namen Don Bathasar Loyola, begibt sich nach Rom und läßt sich dort vom Papst als Völkermissionar einsegnen.

Nach dem Tod seines königlichen Vaters führt jetzt Muleys Frau die Regierung in Fez. Jener maltesische Diplomat meldet ihr des Gatten Konversion zur katholischen Kirche. Sie und Abdallah schwören Rache. - Auf einer Pilgerfahrt nach Loreto zeigt ihm im Traum ein übelwollender Engel die alte Heimat in Fez: sein Sohn sagt sich von ihm los. Zarah ehelicht Abdallah, und seine Mauren wüten gegen ihn. Daraufhin tritt Muley dem Jesuitenorden des Ignatius von Loyola bei. In dessen Dienst will bei Heidensmissionseinsätzen der ehemalige Muley Mahomet seinen Märtyrertod suchen.

Engelsmusik aus der Höhe möchte die Richtigkeit solcher Entscheidung bestätigen.

72. Morgenröte über Copacabana.

La aurora en Copacabana. - . – Südamerika. --

Vor der spanischen Eroberung des Landes / Kontinentes konnte im heidnisch-götzendienstlichen Peru ein astrologisch angekündigtes Unglück nur durch Darbringung eines Menschenopfers vermieden werden. Diesmal trifft das Los die Jungfrau Gurakolda. Doch ein in sie verliebter Inka rettet sie zunächst auf verborgenen Pfaden. Dennoch fordert das so abergläubische wie blutrünstige Volk das Opfer dieser Sonnenjungfrau.

Jahre später besetzen die christlichen Eroberer unter Francesco Pizarro die Stadt Kusko, die jedoch nachts von einem Flammenmeer heimgesucht wird. Auf der Christen Flehen hin erscheint ihnen über Rosenwolken auf einem Himmelsthron Jungfrau Maria mit Kind. Inmitten des durch Schneefall erlöschenden Feuers erblinden die Peruaner. Nur Gurakolda und ihr Begleiter Yupangui, einen Kruzifixus umschlingend, vermögen sich zu retten.

Wiederum Jahre später malt Yupangui an einem Mariengemälde, das für eine christliche Ordenskirche bestimmt ist. Engel mit Farbe und Pinsel schweben herab und vollenden bei hymniscnem Gesang das Werk. Den in die Kirche tretenden Menschen strahlt dann jenes Madonnenbild, auf dem zugleich die Morgenröte von Copacabana liegt, in unbegreiflichem Glanze entgegen. Als der Madonna und dem Kinde auch noch goldene Kronen aufgesetzt werden, lassen sich die Einwohner taufen.

Eine als alte Indiofrau verkleidete Allegorie des bisherigen heidnischen Götzendienstes preist die von unerwarteten Rettungen bis zu Wunderheilungen reichenden segenstiftenden Taten der christlichen Eroberermissionare. Durch sie seien auch die Peruaner eigentlich erst Menschen im Vollsinne des Wortes geworden.

Die zahl- und namenlosen Opfer, welche die gewaltsame Christianisierung unter der lateinamerikanischen Bevölkerung kostete, die Fülle der Verbrechenstaten jener spanischen Eroberer werden von Calderon selbstverständlich verschwiegen. Die Volksmenge in Madrid und anderswo wollte sie auch gar nicht zur Kenntnis nehmen. Für sie waren die Expansionsfolgen auf dem anderen Kontinent von der Kirche sanktioniert und damit von Gott gewollt.

73. Sabakönigin, die Sybille des Morgenlandes.

La Sibila del oriente y gran Reina de Sabá. - Jerusalem, Saba, Libanono. --

König Salomo in Jerusalem, dem wunschgemäß von Gott Weisheit verliehen wird, läßt Vasallen zum Befehlsempfang antreten. Kandaces von Ägypten muß Holz aus dem Libanon zum Bau eines neuen Tempels herbeischaffen, Hiram aus Tyrus soll bei der Königin von Saba Spezereien für den Trempeldienst besorgen.

Letztere prophezeit den Sieg des christlichen Gottes und folgt dem sie aufsuchenden Hiram über den Libanon reisend bis nach Jerusalem, wo sie unter dem Jubel des jüdischen Volkes willkommen geheißen wird. Wechselseitig werden Salomo und die Saba von Liebe zueinander erfaßt, Erscheinungen suchen Beide heim.

Als die seherisch ausgezeichnete Saba gerade Salomos Weisheit preisen will, wird sie von einer Gotteserleuchtung heimgesucht. Sie entdeckt in einem Baum einen seligmachenden Kruzifixus, der bereits dem Adam nach seinem Sündenfall erschienen sei. Salomo und sein Anhang sind hingerissen von der Prophetengabe der euphorischen Saba und verehren sie hinfort als Sprachrohr des Höchsten.

VI. Symbolische Schauspiele.

Sinnbildliches ist auch schon in den bisher besprochenen Werken aufgetaucht. Doch in zwei dramatischen Formgebungen hat sich Calderon so weit wie noch nie vom realen Handlungsboden entfernt.

Unser Menschenleben nur ein Traumgebilde, nur eine Schaudarstellung? Besitzt es überhaupt einen Eigenwert angesichts der unendlichen Ewigkeit?

Pädagogisch will Calderon auch hier dem Menschen seine Wegstrecke vergänglichen irdischen Tun und Treibens bis hin zur himmlischen Erlösung versinnbildlichen. Etwa wie im Text der Bachkantate 26, die da mit den Worten beginnt: "Ach wie flüchtig, ach wie nichtig ist des Menschen Leben" und mit dem Vers endet: "Wer Gott fürcht', bleibt ewig stehen." Obwohl Calderon in seine diesbezügliche Predigt immer einen optimistischen Grundton hineinlegen will, läßt sich in beiden Festspielen eine gewisse Larmoyanz nicht ganz überhören.

Der Meister im "Großen Welttheater":

"Denn das ganze Menschenleben
Ist ja nur ein Schauspiel hier."

Und der Sigismund am Ende des II. Aktes von "Das Leben ein Traum":

"Was ist Leben? Hohler Schaum!
Täuschung ist' s, ein Schatten kaum.
Denn ein Traum ist alles Leben,
Und die Träume selbst nur Schaum."

74. Das Leben ein Traum.

La vida es su sueno. - 1630 Uraufführung, 1635 Erstdruck. - Polen. --

Einer astrologischen Warnung zufolge hat König Basilius seinen Sohn Sigismund fern von seiner Residenz in einem Felsenturm von seinem Vertrauten Clotaldo bewachen und großziehen lassen. Doch jetzt will er die Richtigkeit jener Prophezeihung überprüfen und erteilt den Befehl, den Sigismund herbeizuschaffen. Der soll für einen Tag die Regierungsgeschäfte führen.

In Begleitung ihres Begleiters Clarin gelangt die Adelsdame Rosaura auf der Suche nach ihrem ungetreuen Geliebten Astolfo an jenen Felsenturm, hört aus demselben zufällig verzweifelte Klagelaute und wird von Turmwächter Clotaldo, der später in ihr seine uneheliche Tochter wiedererkennt, vorübergehend festgehalten.

In betäubtem Zustand wird Sigismund heimlich in Basilius' Königspalast gebracht und muß nun am Folgetag den Herrscher des Landes darstellen. Wie vom König befürchtet, führt sich Sigismund als grausamer Tyrann auf. Quält in roher Unbeherrschtheit seine Umgebung, beleidigt selbst Hochgestellte, belästigt des Königs Nichte Estrella, will deren neue Hofdame Rosaura, die ihm als Einzige noch Verständnis und Zuneigung entgegenbringt, sogar vergewaltigen und wirft schließlich einen unbotmäßigen Diener gradewegs durchs Fenster tief hinunter ins Wasser.

König Basilius sieht seinen Probetest als total verunglückt an, läßt dem unausstehlichen Sigismund einen Schlaftrunk reichen und ihn im abermals betäubten Zustand in sein Turmgefängnis zurückbringen. Er selbst will sich jetzt vom Regentenamt zurückziehen, um für den Rest seines Lebens gelehrten mathematischen Studien obzuliegen. Deshalb will er seinen Moskauer Neffen Astolfo mit seiner Nichte Serafina verheiraten und ihn sodann auf seinem Thron als neuen König von Polen einsetzen.

Dies jedoch durchkreuzt eine aufgebrachte Volksmenge, die einen Moskauer Herzog nicht als des Basilius´ Nachfolger anerkennen will, deshalb Sigismund in seinem Turm befreit, um ihn in die Residenz zurückzugeleiten.

Der ist sich inzwischen bewußt geworden, das von ihm in der königlichen Residenz Angerichtete nur als einen Traum zu durchleben. Wie ihm überhaupt sein bisheriges Leben als Traum erscheint. Ihm schaudert vor seiner eigenen kriminellen Energie. Und er will im Wiederholungsfall ein mildgestimmter, menschenfreundlicher, rechtschaffener und Recht schaffender König sein.

Als er nun an der Spitze der Aufständischen die Hofgarde seines Vaters besiegt, verzichtet er auf Rache und Vergeltung für die bisher lebenslange Turmhaft. In Selbstüberwindung verzichtet auf die heimlich geliebte Rosaura und gibt sie - zugleich in Wiederherstellung ihrer Ehre - mit ihrem ehemaligen Verlobten Astolfo zusammen. Er selbst heiratet Serafina.

Calderons "Das Leben ein Traum" ist Gegenstand zahlreicher literaturwissenschaftlicher Analysen gewesen und geworden. Deren zentrale Frage ist die nach der Bedeutung von Sigismunds Traum.

Wirklichkeitserfahrung erfolgt im Wachsein, Träumen im Schlaf. Natürlich gibt es außerdem Tagträumerei. Gleicht aber das gesamte - im Grunde genommen nichtige - Menschenleben nicht einem Traum, der filmartig an Einem vorüberzieht? Soll der dramatische Dichter das reale Leben auf der Bühne darstellen mit der Zielrichtung, daß der Zuschauer den Traumcharakter seines realen Lebens begreift?

Sigismund bekennt im II. Akt - echt barockzeitlich – monologisierend:

"Denn in den Räumen
Dieser Wunderwelt ist eben
Nur ein Traum das ganze Leben.
Und der Mensch - das seh ich nun -
Träumt; sein ganzes Sein und Tun,
Bis zuletzt die Träum' entschweben."

Wird aber durch jenes Traumerlebnis ein Mensch wirklich so total verwandelt, wie es der Dichter uns hier vorführt? Gestern verruchter Despot, heute liebenswerter Mitmensch? Da müssen doch wohl erhebliche Zweifel angemeldet werden. Egoist bleibt - mit oder ohne vorzeitlichen Sündenfall -immer Egoist, Schweinehund bleibt immer Schweinehund, sobald sich eine günstige Gelegenheit zur Realisierung bietet; die üblichen Ausnahmen von der Regel abgerechnet. So erscheint denn auch der traumbedingte Läuterungsprozeß des Sigismund ganz unwahrscheinlich. Und wohl auch Calderon selbst war sich dessen vollauf bewußt. Gewiß, auch hier will er seine Zuschauer unterhalten. Doch auch hier will er weit Wichtigeres erreichen: er will sie belehren, er will sie moralisch aufrüsten. Damit wird Sigismund zum theatralischen Träumer.

Jedenfalls weist Calderon während des III. Aktes in Sigismunds Person beachtliche Läuterungsresultate vor: er baut seine Feindschaft gegen Astolfo ab; er überwindet seine Leidenschaft für Rosaura und verhilft ihr zur hochzeitlichen Ehrenrettung; vor allem demütigt er sich als Sieger vor seinem königlichen Vater, der ihn um seine Kindheit und Jugend gebracht hat. Jener Kotau erschien Calderon wohl auch im Blick auf seinen ihn protegierenden König und dessen Hofzeremoniell dringend angebracht.

Logische Fehlschlüsse sind dennoch nicht zu übersehen. Warum sperrt Basilius – so darf man doch wohl fragen - seinen Sohn in ein fernes Turmgemäuer statt ihn in der eignen Umgebung zu lassen, ihn hautnah und ständig zu beobachten, notfalls auf ihn einzuwirken? Dies um so mehr, als neben der Sonnenfinsternis bei Sigismunds Geburt und den Vorahnungen dessen Mutter, der Königin, vor allem die astrologische Prognose dessen späterer drohender Gefährlichkeit eine laufende Kontrolle des Heranwachsenden nahelegen mußte? Logisch noch unverständlicher: das gleiche Volk, das zuvor die üble Tryrannei Sigismund über sich ergehen lassen mußte, will ihn auf einmal zum neuen Herrscher.

Dessenungeachtet verdient das Stück auch einiges Lob. Handlungspersonen unterschiedlichen Charakters werden vorzüglich präsentiert, die von Sigismund und Rosaura geprägten Haupt- und Nebenhandlungsstränge gut miteinander verflochten, die Eigenheiten des Dieners Clarin als eines Grazioso garantieren für eine charmante Mischung von Scherz und Ernst, und endlich kommt auch die philosophische Durchdringung des Sujets nicht zu kurz. Erkenntnisse des Titelhelden wie etwa

"Denn des Menschen größte Sünde
Ist, daß er geboren ward."
oder
"Ich habe mich vergangen.
Ich erkenn' es, weil ich ward."

bleiben im Ohr haften. Weit mehr als in anderen Theaterstücken hat der Dichter in seinem Sigismund ideologisch Angereichertes untergebracht.

Der Titelumkehrung halber wird immer wieder Calderons "Das Leben ein Traum" mit Grillparzers "Der Traum ein Leben" verglichen. Ungeachtet der erheblichen Divergenz beider Grundkonzeptionen vermittelt auch Grillparzer einen Läuterungsprozess: erst ein tieffurchend quälender Traum hält den tatendurstigen Rustan davon ab, sich in ein gefährliches Abenteurerleben zu stürzen, und bestimmt ihn, sich stattdessen als redlicher Landwirt an seine Mirza und deren Vater Massud zu binden. –

Basilius hingegen, der sich seiner geliebten mathematischen Studien nur zu gern aufs Altenteil begeben möchte, erinnert an Grillparzers Kaiser Rudolf II. in "Ein Bruderzwist im Hause Habsburg". Sigismunds Turm hingegen hat sich Hugo von Hoffmannsthal angenommen.

Die Quelle des Sujets ist wohl in Indien aufzuspüren. Anläßlich seiner Stoffsuche schöpfte Calderon weitgehend aus dem bekannten mittelalterlichen Roman "Barlaam und Josaphat". Jahrzehnte nach der Abfassung seines Stückes hat Calderon dasselbe in ein Fronleichnamsfestspiel umgearbeitet.

Zwei Jahrhunderte später hat ausgerechnet Rossini in seinem "Sigismondo" Calderons Vorlage veropert.

75. Das Große Welttheater.

El Gran Teatro del Mundo. - vermutlich 1645, Erstdruck. -1675 . --

Der Meister (= Gott) will sich an dem von ihm Geschaffenen erfreuen und deshalb ein Schauspiel auf der Bühne vor sich aufführen. Und zwar als Stegfeifspiel, weshalb er mangels vorgegebenen Textes sich auch nicht als Stückautor bezeichnen will. Jedoch:

"Ich selbst verteil' die Rollen
Nach eines Jeglichen Natur und Richtung."
Und zur "Welt":
"Und nun ans Werk! Derweil ich dirigiere,
Sei du die Bühne! Und der Mensch agiere! "

Danach ruft der Meister zur Rollenverteilung auf. Und so erscheinen nacheinander:

Das Gesetz der Gnade, der König, der Weise, die Schönheit, der Reiche, der Landmann, der Bettler, ein Kind. Die "Welt" verteilt die dazugehörigen Insignien: die Krone an den König, einen Blumenstrauß an die Schönheit, Gold und Silber an den Reichen. Das Gnadengesetz verkündet ihnen, ein Buch in der Hand, den Leitgedanken des Spieles:

"Kern und Sinn
Eures Spiels in diesem Reich
Faßt in eines Spruchs Bereich!
Dieses Buch -- da steht geschrieben:
Sollst wie dich den Nächsten lieben,
Tue recht! Gott über euch."

Die sich präsentierende Schönheit trennt sich von dem die Stille aufsuchenden Weisen:

"Und nur, um gesehn zu werden
Und zu sehn der Schönheit Preis."

Hingegen der Weise:

"Nein, ich bleib in meiner Klause
Frommer Abgeschiedenheit,
Drin mein Leben zu versenken.
Drum ward Weisheit mir zuteil."

Dem mit seinem Herrscherglanz zufriedenen König – "Was bedarf ich noch hienieden?" - antwortet das Gnadengesetz: "Recht zu tun! Gott über Euch!" Der Bettler hingegen vergleicht dankbar das ihm zur Stillung seines Hungers geschenkte Brot mit der eucharistischen Hostie. Während der König letztendlich seinen Egozentrismus bereut, will die Schönheit als Sinnbild des irdischen Diesseits sich über das Jenseits erheben, läutert sich dann aber doch: "Wie betrübt's mich, daß ich besser / Meine Rolle nicht gemacht." Beim Abgang aus dem Diesseits geraten auch der Bettler und der Reiche aneinander. Der Bettler in Bezug auf Gott:

"Wohin sollt' die Armut fliehen?
Nein, vieltausend, tausendmal
Dank ich ihm, daß er nun endet
Mit dem Leben meinen Schmerz."

Dazu der Reiche:

"Und ich, wie geschleift vom Henker;
Denn mein Herz verbleibt dem Schatz."

Bettler:

"Welche Freude!"

Reicher:

"Welche Trauer!"

Die "Welt" wirft ein:

"Unter allen hält die Kirche
Stets am längsten bei mir stand."

Nachdem der Weise als letzter die Bretter verlassen, "fällt der Vorhang der unteren Erdenbühne."

Jetzt greift der Meister ein:

"Straf' und Lohn verhieß ich Jedem,
Wer da schlecht, wer gut bestand.

Kommt; nun allzumal herbei,
Lohn und Strafe zu empfangen!"

Nachdem die Himmelsbühne ebenfalls geschlossen, sammelt die "Welt" die zu Beginn ausgeteilten Insignien wieder ein. Doch der König möchte nicht "Purpur, Kron' und Lorbeerkränze" zurückgeben:

"Hast du nicht selber mir den Schmuck verliehen?
Warum nun nimmst du, was du mir gespendet?"

Darauf die "Welt":

"Weil's nicht verliehn dir wurde, nur geliehn
Für kurze Frist, bis du dein Spiel geendet.
Laß nun für Andre deine Reiche blühn
Und alle Herrlichkeit, die dich geblendet."

Besonders anrührend der Kurzdialog zwischen der "Welt" und einem Kind:

"Auch dich sah ich doch zum Theater streben;
Warum erschienst du niemals in dem Stück?"

Kind:

"Du nahmst in einem Grabe mir das Leben.
Im Grab laß ich, was du mir gabst, zurück."

Noch einmal öffnet sich die Himmelsbühne. Sitzend an einem Tisch hinter Kelch und Hostie verkündet der Meister sein Urteil:

Den asketisch frommen Weisen und den geduldigen Bettler begnadigt er zum Ewigen Leben, den selbstgefälligen König, die eitle Schönheit und den arbeitsunwilligen Landmann schickt er ins Fegefeuer, den unbarmherzigen Reichen aber stößt er in die Hölle.

Wenige Stunden vor seiner Hinrichtung auf Golgatha hat Jesus Christus, der menschgewordene Gott, dem obersten Machthaber in Jerusalem, dem Hochkommissar Pontius Pilatus als Vertreter der römischen Besatzungsmacht gegenüber sein Schlüsselwort entgegengehalten: "Mein Reich ist nicht von dieser Welt."

Dem Reich Gottes in Christo steht gegenüber das Reich des Teufels, des Fürsten dieser realen diesseitigen Welt. Und sein Leben lang steht der Mensch im Fadenkreuz zwischen beiden Welten: zwischen dem Reich der Barmherzigen Liebe und dem Reich des Egoismus in allen seinen Spielarten und Spektralfarben bis hin zu Mord und Totschlag selbst im Völkermaßstab.

Hier setzt Calderon in seinem "Großen Welttheater" völlig zu Recht an mit dem von Eigenliebe stigmatisierten Menschen, der sich lebenslang durchringen soll zur verzeihenden Gnade Gottes. Und er besitzt während jenes Prozesses eine Leitschnur, die er stets ergreifen kann:

"Ama el otro como a ti,
y otra bien, que Dios es Dios,"
"Liebe den Anderen wie dich selbst,
Handle recht, denn Gott ist Gott."

Auch das stellt Calderon zutreffend heraus, dass unser irdisches Leben kein Endzweck ist. Daß der Mensch nach seinem klinischen Tod eines Tages vor Gottes/Christi Thron steht, Rechenschaft über das auf Erden Getane oder Unterlassene ablegen muß und danach entweder zum Ewigen Tod verdammt oder zum Ewigen Leben begnadigt wird. Die eschatologische Komponente wird also voll begriffen und im Endschicksal der hier auftretenden Personen eindringlich zur Anschauung gebracht.

Zwischen ihnen findet nun freilich kein wie auch gearteter sozialer Ausgleich statt. Ein sozialer Aufstieg oder gar eine Umverteilung der Güter inmitten der Volksschichten ist unmöglich. Calderon hält eine Erschütterung der von ihm gebilligten ständischen Ordnung in Spanien für undenkbar. Und der Meister (= Gott) erklärt denn auch wie ganz selbstverständlich:

"Doch ich, Autor dieser Märe,
Weiß, was Jeder leisten kann.
Und so nehme Jedermann,
Welchen Part ich ihm beschere."

Wie bei den anderen Fronleichnamsfestspielen wird von Calderon auch hier ein scharfer Trennstrich zu den mittelalterlichen Mysterienspielen gezogen: kein Bühnenspiegel von Christi Biographie, namentlich seiner Passion, sondern jetzt dessen Fern- und Nahwirkung auf die suchenden Menschen unserer Tage. Mit Hilfe von Symbol und Allegorie soll ihnen der Weg erleuchtet werden, den ihre Kirche ihnen gewiesen. Wie auch bei den anderen Autos Sacramentales offenbart sich hinter dem reinen Bühnenunterhaltungswelt unversehens das Lehrstück, dem Calderon als treuer Diener seiner Religionsgemeinschaft zum erzieherischen Erfolg, möglichst zum Massenerfolg verhelfen will. Ziel ist dann immer die eucharistische Hostie, die Erzieher Calderon im vorliegenden "Großen Welttheater" sogar vor Gott selbst zur visuellen Darstellung bringt.

Obwohl hier die dramatische Formgebung anders als in anderen Stücken, selbst anders als in den Autos Sacramentales beurteilt werden muß, hemmt das ständige Monologisieren - von nur wenigen Dialogen abgelöst - den Fortgang der Handlung erheblich. Die beiden Sonette sind überflüssig. Daß die "Welt" dem "Meister" in 212 Versen antwortet, dürfte auch geduldige Zuhörer verärgern.

Eines der Positiva hingegen der Landmann (Labrador), der den Part eines Grazioso auszufüllen sich bemüht.

Daß auch hier - hier erst recht – Calderon sich musikalische Stützung auf der Bühne wünscht, erscheint verständlich. Namentlich in der finalen Himmelsszene erweist sie sich als geradezu notwendig. Dort plädiert Calderon für einen von Schauspielern und Zuschauern gemeinsam zelebrierten Gesang, nämlich den des Tantum Ergo, als hymnisches Jawort eucharistischer Beseligung.

Im Zuge einer bühnenmäßigen Realisierung interessiert die vom Dichter vorgeschriebene horizontale Zweiteilung in eine untere Ebene für den menschlichen Darstellungsreigen und in eine obere, dem Meister vorbehaltete Ebene. Die untere besitzt zwei Seitenpforten, von denen die Eingangstür mit einer Wiege, die Ausgangstür mit einem Sarg gekennzeichnet ist.

Im "Großen Welttheater" ist Calderon mit seinen tiefsinnigen Intuitionen weit über Vorgängerversuche hinausgewachsen. Etwa über Lope de Vegas "Erschaffung der Welt" von 1618. Auch außerhalb Spaniens Grenzen wurde es bekannter als seine anderen Autos Sacramentales. Innerhalb geisteselitärer Kreise verschaffte ihm Eichendorff mittels seiner poetischen Übersetzung (1846) den Durchbruch. Modifiziert bekundet ihm Hugo von Hoffmannsthal in seinem "Salzburger Welttheater" (seit 1922) seinen Respekt. Im Verlaufe des 20.Jahrhunderts wird an das Werk in Einsiedeln und Bamberg aufführungsmäßig erinnert. Doch bei aller Würdigung des visionären Dichters ist festzustellen, daß auch sein "Großes Welttheater" beim heutigen Theaterpublikum nur noch wenig Resonanz findet.

VII. Zusammenfassung

Von Calderon sind etwa 120 Komödien und 80 Autos Sacramentales überliefert, das Doppelte der uns überkommenden Bühnenwerke des Tirso de Molina, doch noch nicht einmal die Hälfte der erhaltenen fast 500 Bühnenstücke des Lope de Vega von ursprünglich etwa 1500 an der Zahl.

Jenseits seines Bühnenschaffens veröffentlichte Lope noch vor der Jahrhundertwende (1600) sein Epos in 10 Gesängen "Die Taten Drakes" und den Schäferroman "Arkadien", danach die Epen " Die Schönheit der Angelika" mit über 10000 Versen, "Circe", "Die Tragische Krone", zuletzt das komische Tierepos "Der Katzenberg", zwischendurch (1609) die sehr instruktive Studie "Die neue Kunst der Komödiendichtung".

Hingegen beschränkt sich Calderon auf den dramatischen Bereich und durchwandert dabei im Verlauf seines langen Lebens unterschiedliche Themensparten. Die Einteilung seines Werkes in die Zeitspannen bis zur Bestallung als königlicher Hoftheaterdirektor 1635, danach bis zur Priesterweihe 1651 und schließlich in die seines letzten Lebensalters bis zum Tod 1681 offenbart einen themenkreismäßigen Wechsel, der sich keineswegs abrupt gibt. Unvermeidliche zeitliche Überlappungen abgerechnet, dominieren die Mantel-und-Degenkomödien in erster Langphase, die Schauspiele, die Tragödien und antikmythologischen Festspiele in der zweiten, die Fronleichnamspiele in der dritten. Eine solche Entwicklung wurde durch die persönlichen Lebensereignisse gewiß mitbestimmt.

An der Pforte vom Mittelalter zur Neuzeit hat sich Spanien nicht annährend der Wirkungsmacht der Renaissance in der Kunst und der Wissenschaft so geöffnet wie Italien. Und dennoch waren es italienische Komödiantenensembles, die seit 1535 auf der iberischen Halbinsel auftauchten und eine theatralische Betriebsamkeit derart entfalteten, dass ein Jahrhundert später zu Calderons Zeit mehrere hundert – und dann schon zumeist spanische – Wanderbühnen durchs Land zogen. Die Italiener initiierten das Bühnengeschehen vor einem bürgerlichen Publikum in den Corrals, später aber auch das weit aufwendigere vor königlicher Familie und Hofstaat unter Vermittlung von antikmythologischen Stoffen im Garten Buen Retiro und noch später im Colliseo. Ohne Italiener hätte sich die Bühnenbildtechnik und Kulissenmaschinerie – jedenfalls nicht so überraschend schnell – entwickelt. Und ohne ihre Singspieltradition wären die von Calderon besonders geschätzten musikalischen Stützungen und klanglichen Untermalungen in Gesang, Melodram, Tanz und Balett wohl undenkbar gewesen. Die ja in dem florentinischen Lotti ebenfalls ihren kreativen Förderer fanden. Allerdings wurde jene ausländische Vermittlung begünstigt durch die politische Präsenz Spaniens in neapolitanischen und sizilianischen Territorien.

Ein weiterer günstiger Umstand bot sich Calderon in der Gestalt des prunksüchtigen und theaterbessenen spanischen Königs Philipps IV. Unter seiner Ägide und mittelbaren Förderung wurde nun auch der tektonische Ausbau der Corraltheater vorangetrieben, bei den Tablados mit ihren Trampas, Escotillos, Pesantes und Tramoyes im Bühnenraum, aber auch mit den Apesentos, Grades, Bancos, Cazuelas im Zuschauerraum rings um den Patio.

In fast alle Theaterbereiche griffen obrigkeitliche Reglements vor allem im Jahre 1641 ein. Die reichten von der Zusammenstellung der Darstellertruppen (Companias) über den speziellen Schutz für Schauspielerinnen bis hin zu Zeitbeginn und Spielstätte der einzelnen Aufführungen. Anfangs noch in privater Pächterhand, gingen jene Unternehmungen – beispielsweise 1637 in Madrid – in städtische Regie über, obwohl sich die Bürgerschaft ansonsten nicht als Kulturträger betrachten durfte. Die Vergabe von Eintrittskarten zu den Veranstaltungen wurde genauestens geregelt. Ein Teil der finanzellen Einnahmen floß an – mehr kirchliche als kommunale – soziale Einrichtungen wie Hospitäler und Armenhäuser. Verständlich, daß durch die Fortentwicklung eines solchen Ordungssystems sich nun auch der Schauspielerstatus aufzuwerten vermochte; feste Entlohnungen lösten das unsichere Ad-hoc-Eintrittsgelder-Kassieren ab.

Von einer so günsigten Entwicklung profitierte mittelbar auch ein Theaterstückeautor. Der allerdings aufpassen musste, dass er beim Publikum, das alle sozialen Schichten inbegriff, mit seinen Comedias de capa y espada, de honor/honra oder de enrados auch wirklich ankam. Doch mit vorzüglichem Theaterinstinkt ausgestattet griff der junge Calderon zumeist ins richtige Fach. Was dann freilich auch das mitunter Seichte in seinen Unterhaltungskomödien partiell erklärt. Doch nicht zuletzt jene – oft sogar spektakulären –

Anfangsbühnenerfolge sollten zu der späteren privilegierten Stellung im königlichen Dienst führen.

Und immerdar erschien ihm angeraten, sich die ungeheuere Machtstellung der Kirche zu vergegenwärtigen. Deren Vertreter gegebenenfalls auf die Theaterkultur direkt Einfluß nahmen, wenn sie spezifische Interessen gefährdet sah. Die Kirche überwachte ihre Gläubigen total; der Ohrenbeichtzwang seit dem Vierten Laterankonzil von 1215 lieh ihr dazu die entscheidende Handhabe. Die in ihrem Namen und Auftrag operierende Inquisition brachte gleich einer allmächtigen Geheimen Staatspolizei jede noch so vorsichtig sich formierende Opposition in der Bevölkerung – notfalls blutig – sofort zur Strecke. Calderons, jesuitischer Gymnasiast, zeigte sich da alles andere als ein Opponent. Nicht etwa aus ängstlichen Befürchtungen, sondern aus unerschütterlicher Überzeugung heraus war und blieb er der getreue Sohn seiner katholischen Kirche. Und auf Grund der fast vollständigen Dekkungsgleichheit von spanischer Kirchenautorität und spanischer Ordnungsstaatsmacht musste er folgerichtig ebenso ein loyaler Untertan seines Königs sein.

Mochte auch der ferne Papst in Rom sich de jure zum Stellvertreter Gottes auf Erden erheben, so war das de facto der spanische König für seine Untertanen. Doch der gegenwärtige Gottkönig Philipp IV. (1621-1665) liebte nun einmal Theaterspielen über alles. Seine Hofhaltung brillierte nicht nur durch Verschwendungssucht und fast unbegrenzte Luxuriosität, sondern auch durch aristokratische Müßiggänger und Intriganten, Hofnarren, Mätressen und Starkurtisanen. Was noch verhängnisvoller war: Sein Nachfolger Karl II. überließ das königliche Regiment zeitweise Günstlingen, die sich nach Möglichkeit selbst bereicherten und den Monarchen gegen die Volksmassen abschirmten. Der wünschte sich das in seinem Abkapselungsbedürfnis sicherlich ohnehin. Doch damit ging ein irreparabler Schaden und Schwund der zuvor so beeindruckenden königlichen Autorität einher.

So konnten die Granden ihre egoistischen Ambitionen ausleben. Teile des Niederadels verfielen gleichzeitig in Übermut und Dekadenz. Gutbetuchte Bürger hatten oft nichts Wichtigeres zu tun, als sich Adelstitel teuer zu erkaufen. Ein eigenartiges, fast schon morbides Lebensgefühl bemächtigte sich dieser Schichten. Was dann unter anderem zur Herausbildung jenes grotesken Ehrenkodex führte, mit allen skurrilen Begleiterscheinungen und kriminellen Schadensfolgen namentlich für die betroffenen Frauen.

Die in Gilden zusammengeschlossenen Handwerker, noch mehr das Riesenheer der Bauern auf dem Lande hatten die Steuerlasten zu tragen. Und sie verarmten in Calderons Jahrhundert immer mehr. Noch hielten die Korsettstangen einer als unerschütterlich geltenden Ständeordnung, noch galt die Treue der Untertanen zu ihrem König als höchstem Gut, noch blieben demokratische Freiheitsbestrebungen unter der Oberfläche verborgen.

Calderon brauchte es nicht mehr zu erleben, daß seine Fronleichnamsfestspiele beim Volk auf zunehmendes Desinteresse stießen. Das bedeutete zwar noch keinen Glaubensabfall in bürgerlichen und bäuerlichen Volksschichten, doch deren Lebensgefühl im Zangengriff zwischen starr rigoroser Kirchenforderung und der von Frankreich her einsickernden Aufklärung veränderte sich im Folgejahrhundert. Und so nimmt es nicht wunder, daß Calderons ehedem im kirchlichen Vollglauben wurzelnden Fronleichnamsfestspiele im Jahre 1765 durch Dekret des weitsichtigen Bourbonenkönigs Karl III. offiziell verboten wurden.

Nicht wahrgenommen hat Calderon, gewiß auch nicht wahrnehmen wollen, daß die in seiner Person verkörperte Blütezeit der spanischen Dichtung mit einem Niedergang seines Landes im Politischen und Wirtschaftlichen während des 17.Jahrhunderts, des sogenannten Siglo de Oro, vergesellschaftet war.

Das Fundament zum Aufstieg Spaniens als Großmacht im mediteranen Raum legen im Jahre 1469 durch ihre Eheschließung Isabella von Kastilien und Ferdinand von Aragonien. Die jetzt gebündelte spanische Potenz drängt die arabischen Moslems aus der iberischen Halbinsal hinaus. Das Jahr 1492 sieht durch die Eroberung des andalusischen Granada nicht nur ein von Maurenherrschaft endgültig befreites Land, sondern durch Columbus die Entdekkung Lateinamerikas und die Gründung eines spanischen Kolonialreiches in Übersee. Im 16.Jahrhundert darf König Philipp II. von sich behaupten, daß in seinem Reich die Sonne nicht untergehe. Doch noch vor Ende des gleichen Säkulums (1588) vernichtet die englische Flotte den Stolz der spanischen Nation, die als unüberwindbar geltende Armada. Auf den Weltmeeren verweist England die Spanier auf den zweiten Platz. Die Ersthälfte des 17.Jahrhunderts ist ausgefüllt mit Kämpfen gegen die rebellischen Niederlande, deren Loslösung und Freiheit Spanien spätestens am Ende des Dreißgjährigen Krieges 1648 zustimmen muß. Jene sinnlosen Kriegshandlungen zerrütten Wirtschaft und Finanzen, führen zur Verschuldung der Bauern, zum Niedergang von Handwerk und Manufakturen, mindern damit entscheidend das Steueraufkommen. Dann bricht auch noch eine flächendekkende Pest aus. 1640 befreit sich mittels Aufstandes Portugal von der Oberhoheit Spaniens. 1643 unterliegen die spanischen Streitkräfte in der Schlacht von Rocroi dem benachbarten Frankreich; an dieses müssen 1659 im Pyrenäenfrieden Gebiete abgetreten werden.

Solch weltpolitischer Hintergrund muß beachtet werden, um die verhüllte Tragik zu begreifen, die über dem Menschen und Künstler Calderon gewaltet hat.

Und seine postmortale Akzeptanz in den anderen europäischen Kulturländern erwies sich nicht als so breitgefächert, wie er es sich zu Lebzeiten wohl gewünscht hätte.

Freunde Calderons editierten nach seinem Tode noch eine beachtliche Komödienanzahl in den Gesamtbänden VI. bis IX. in den Jahren 1683 bis 1691.

Im nahen Frankreich eroberten sich das Repertoire zuerst (1642-1653) die "Dame Kobold", "Das Haus mit den zwei Türen" und "Der geplagte Astrologe". Erst viel später (seit 1717) wurden - auch durch Übersetzungen für das Lesepublikum und Bearbeitungen für einzelne Bühnen – "Das Leben ein Traum", noch später (1770) "Der Richter von Zalamea" dargeboten.

Englische und niederländische Theater bevorzugten augenfällig die Komödien; Holland erlebte den "Richter von Zalamea" ebenfalls erst spät (1783).

In Italien, dessen Theater sich einigen Komödien Calderons noch zu dessen Lebzeiten öffneten, gewann der Dichter hauptsächlich dadurch Bedeutung, daß bis hin zu Gozzi und Metastasio seine Werktexte zu Opernlibretti umgearbeitet wurden. Eine eigenartige Fügung des Schicksals, daß der Kardinal Marchese Giulio Rospigliosi, seit 1667 Papst Clemens IX., als Apostolischer Nuntius von 1646 bis 1653 Rom in Madrid vertrat und in jenen Jahren oft mit Calderon zusammentraf; auch ihn interessierten an dessen Komödien vor allem die Librettisiermöglichkeiten.

In Deutschland - Wien ausgeommen - wurden vereinzelt schon vor, verstärkt jedoch erst seit der Mitte des 18.Jahrhunderts Calderonstücke von Wandertruppen aufgeführt, bevorzugt "Dame Kobold" und "Der Richter von Zalamea". Der Durchbruch zwar nicht beim breiten Publikum, wohl aber auf einem elitären Lesermarkt erfolgte mit der jungen Romantischen Bewegung um die nächste Jahrhundertwende.

Cervantesübersetzer Ludwig Tieck ermunterte Shakespeareübersetzer August Wilhelm Schlegel, sich auch Calderons Dramen anzunehmen. Den um Tieck, die Brüder Schlegel, Novalis, Brentano, Schelling im Jenaer Symposion Vereinten kam das übernatürlich magische, mystisch Jenseitige, wunderbar Traumhafte und mitunter bizarr Phantastische durchaus entgegen. Vor allem Friedrich Schlegel steigerte sich in Calderons Katholizismus immer mehr als in die Basis romantischer Universaldichtung hinein. Am meisten beeindruckte die Jenenser die "Andacht zum Kreuz".

Zwischen 1803 und 1809 macht sich der ältere Schlegel ans Übersetzungswerk: "Ich weiß keinen Dramatiker, der den Effekt so zu poetisieren gewußt hätte, der zugleich so sinnlich kräftig und ätherisch wäre." Und so bezeichnet er sich als den "ersten Missionar Calderons in Deutschland".

Über ihn wird nun auch Goethe mit Calderon bekannt. Der Olympier: "Seine Stücke sind durchaus brettergerecht; es ist in ihnen kein Zug, der nicht für die beabsichtigte Wirkung kalkuliert wäre." Als Weimarer Hoftheaterdirektor führt er zwischen 1811 und 1815 den "Standhaften Prinzen", das "Leben ein Traum" und die "Große Zenobia" auf.

Zuvor hatte Schiller in einem Brief an seinen Dresdner Freund Körner vom 9.10.1803 Calderons üppige und rege Phantasie gelobt, stellt dann jedoch fest: "Shakespeare ist kühn, aber Calderon ist frech."

Im Jahre 1811 führt ETA Hoffmann im Bamberger Theater drei Calderonstücke auf, als erstes die "Andacht zum Kreuz." 1816 zieht Calderon im Wiener Burgtheater ein; davon profitiert Grillparzer in seiner "Ahnfrau" und weit später in seinem "Traum ein Leben". Zwischen 1835 und 1837 führt Immermann in Düsseldorf mehrere Calderondramen auf. 1846 erscheint Eichendorffs poetische Übertragung des "Großen Welttheaters". Wagner bezeugt, auf ihn habe Calderon einen tiefen und nachhaltigen Eindruck gemacht; Nietzsche hingegen wendet sich gegen das "unausstehliche, superlativische Christentum des Calderon".

Kulturpolitische Bestrebungen standen Pate, als Hoffmannsthal in seinem "Salzburger Großen Welttheater" 1922 eine Modifikation von Calderons Fronleichnamsfestspiel fast gleichen Titels vor der Westfassade des Salzburger Domes zur Aufführung brachte. Seit 1924 bringt eine Festspielgesellschaft in Kloster Einsiedeln Calderon auf die Bühne. Seit 1973 finden auf dem Areal der Alten Hofhaltung unmittelbar nördlich des Bamberger Domes Calderon-Festspiele statt; Eröffnung mit dem "Leben ein Traum."

Prognose? Mit seinen Heiligenlegenden, Fronleichnamsfestspielen und auch den Symboldramen hat in nahezu allen europäischen Ländern Calderon nicht das breite Publikum, sondern nur elitäre Kreise erfaßt. Sein Weltbild ist nur noch in Ausnahmefällen vermittelbar. Von vornherein für das Repertoire verloren sind Schauspiele und Tragödien, die von dem brutalen spanischen Ehrenkodex ungenießbar durchsetzt sind. Etwa den "Arzt seiner Ehre" aufführen zu wollen, wäre Huldigung an einen hirnrissigen Anachronismus. So sind es abgesehen von den - ob ihrer inneren Wahrhaftigkeit und bewundernswerten Konsequenz faszinierenden "Standhafter Prinz" und "Richter von Zalamea" dann eben doch nur die Komödien des jungen Calderon, die auch ein modernes Publikum zu entzücken vermögen: etwa "Dame Kobold", "Der geplagte Astrologe", "Mit der Liebe ist nicht zu spaßen", "Hüte dich vor stillem Wasser!", "Feuer des Himmels, tilge der Liebe Glut!", "Der Tanzmeister".

Im deutschen Kulturraum ist die Ein- und Auswirkung Calderons mit der übermächtigen Shakespeares nicht zu vergleichen. Doch auch dann, wenn nur noch der Komödienautor amüsierend unterhält, sollte jenseits des Theaters nicht der große Dichter und Denker übersehen, vergessen werden. Sein Tiefsinn rührt auch heute noch an. Er war, ist und bleibt ein europäisches Ereignis.

Zeitfracht Medien GmbH
Ferdinand-Jühlke-Straße 7
99095 Erfurt, Deutschland
produktsicherheit@kolibri360.de